COLLECTION POÉSIE

ANDRÉ BRETON

Signe ascendant

SUIVI DE

Fata Morgana
Les États généraux
Des épingles tremblantes
Xénophiles
Ode à Charles Fourier
Constellations
Le la

GALLIMARD

© *Éditions Gallimard, 1949.*
© *Éditions Gallimard, 1968 pour Constellations et Le la.*
© *Éditions Jean-Jacques Pauvert, 1948 pour*
Des épingles tremblantes
© *Éditions Jean-Jacques Pauvert, 1967 pour*
Signe ascendant
© *A.D.A.G.P., 1968 pour les illustrations.*

SIGNE ASCENDANT

> *Le désir qu'éprouve la femelle pour le mâle ressemble aux nuées qui s'élèvent d'abord de la terre vers le ciel, et, après avoir formé les nuages, c'est le ciel qui arrose la terre.*
>
> Zohar.

Je n'ai jamais éprouvé le plaisir intellectuel que sur le plan analogique. Pour moi la seule *évidence* au monde est commandée par le rapport spontané, extra-lucide, insolent qui s'établit, dans certaines conditions, entre telle chose et telle autre, que le sens commun retiendrait de confronter. Aussi vrai que le mot le plus haïssable me paraît être le mot *donc*, avec tout ce qu'il entraîne de vanité et de délectation morose, j'aime éperdument tout ce qui, rompant d'aventure le fil de la pensée discursive, part soudain en fusée illuminant une vie de relations autrement féconde, dont tout indique que les hommes des premiers âges eurent le secret. Et certes la fusée retombe vite mais il n'en faut pas davantage pour mesurer à leur échelle funèbre les valeurs d'échange qui se proposent aujourd'hui. Pas de réponse, sinon à des questions utilitaires immédiates. Indifférent à tout ce qui ne l'approche pas de très près, de plus en plus insensible à tout ce qui pourrait lui livrer, pourvu qu'elle ait quelque ampleur, une interrogation de la nature, l'homme que nous côtoyons ne se donne plus guère à tâche que de flotter. La conviction millénaire qui veut que rien n'existe gratuitement mais que tout au contraire il ne soit pas un être, un phénomène naturel dépourvu pour nous d'une communication chiffrée — conviction qui anime la plupart des cosmogonies — a fait place au plus hébété des détachements : on a jeté le manche après la cognée. On se cache pour se demander : « D'où viens-je ? Pourquoi suis-je ? Où vais-je ? » Pourtant quelle aberration ou quelle impudence n'y a-t-il pas à vouloir « transformer » un monde qu'on ne se soucie plus d'interpréter dans ce qu'il a d'à peu près permanent. Les contacts primordiaux sont coupés : ces contacts je dis que seul le ressort analogique parvient fugitivement à les rétablir. D'où l'importance que prennent, à longs intervalles, ces brefs éclats du miroir perdu.

> *Le diamant et le cochon sont hiéroglyphes de la 13ᵉ passion (harmonisme) que les civilisés n'éprouvent pas.*
>
> Charles Fourier.

> *Sur le lit du blanc de l'œil, l'iris est le sommier du matelas de la pupille, où un fantôme de nous-même s'étend dans le rêve.*
>
> Malcolm de Chazal.

L'analogie poétique a ceci de commun avec l'analogie mystique qu'elle transgresse les lois de la déduction pour faire appréhender à l'esprit l'interdépendance de deux objets de pensée situés sur des plans différents, entre lesquels le fonctionnement logique de l'esprit n'est apte à jeter aucun pont et s'oppose *a priori* à ce que toute espèce de pont soit jeté. L'analogie poétique diffère foncièrement de l'analogie mystique en ce qu'elle ne présuppose nullement, à travers la trame du monde visible, un univers invisible qui tend à se manifester. Elle est tout empirique dans sa démarche, seul en effet l'empirisme pouvant lui assurer la totale liberté de mouvement nécessaire au bond qu'elle doit fournir. Considérée dans ses effets, il est vrai que l'analogie poétique semble, comme l'analogie mystique, militer en faveur de la conception d'un monde ramifié à perte de vue et tout entier parcouru de la même sève mais elle se maintient sans aucune contrainte dans le cadre sensible, voire sensuel, sans marquer aucune propension à verser dans le surnaturel. Elle tend à faire entrevoir et valoir la vraie vie « absente » et, pas plus qu'elle ne puise dans la rêverie métaphysique sa substance, elle ne songe un instant à faire tourner ses conquêtes à la gloire d'un quelconque « au-delà ».

*Le rêve est un jambon
Lourd
Qui pend au plafond*

Pierre Reverdy.

J'arrive en épervier et je sors en phénix.

(Paroles de la 3ᵉ âme, Égypte.)

Au terme actuel des recherches poétiques il ne saurait être fait grand état de la distinction purement formelle qui a pu être établie entre la métaphore et la comparaison. Il reste que l'une et l'autre constituent le véhicule interchangeable de la pensée analogique et que si la première offre des ressources de fulgurance, la seconde (qu'on en juge par les « beaux comme » de Lautréamont) présente de considérables avantages de *suspension*. Il est bien entendu qu'auprès de celles-ci les autres « figures » que persiste à énumérer la rhétorique sont absolument dépourvues d'intérêt. Seul le déclic analogique nous passionne : c'est seulement par lui que nous pouvons agir sur le moteur du monde. Le mot le plus exaltant dont nous disposions est le mot COMME, que ce mot soit prononcé ou *tu*. C'est à travers lui que l'imagination humaine donne sa mesure et que se joue le plus haut destin de l'esprit. Aussi repousserons-nous dédaigneusement le grief ignare qu'on fait à la poésie de ce temps d'abuser de l'*image* et l'appellerons-nous, sous ce rapport, à une luxuriance toujours plus grande.

> *Ta gorge qui s'avance et qui pousse la moire*
> *Ta gorge triomphante est une belle armoire*
>
> Charles Baudelaire.

La méthode analogique, tenue en honneur dans l'antiquité et au moyen âge, depuis lors grossièrement supplantée par la méthode « logique » qui nous a conduits à l'impasse qu'on sait, le premier devoir des poètes, des artistes est de la rétablir dans toutes ses prérogatives, à charge de l'arracher aux arrière-pensées spiritualistes qui, s'étant toujours comportées vis-à-vis d'elle en parasites, vicient ou paralysent son fonctionnement.

> *Tes dents sont comme un troupeau de brebis remontant du lavoir.*
>
> *(Cantique des Cantiques.)*

On se souvient qu'il y a trente ans, Pierre Reverdy, penché le premier sur la source de l'image, a été amené à formuler cette loi capitale : « Plus les rapports des deux réalités rapprochées seront lointains et justes, plus l'image sera forte — plus elle aura de puissance émotive et de réalité poétique. » Cette condition, absolument nécessaire, ne saurait toutefois être tenue pour suffisante. Une autre exigence, qui, en dernière analyse, pourrait bien être d'ordre éthique, se fait place à côté d'elle. Qu'on y prenne garde : l'image analogique, dans la mesure où elle se borne à éclairer, de la plus vive lumière, des *similitudes partielles*, ne saurait se traduire en termes d'équation. Elle se meut, entre les deux réalités en présence, dans un sens déterminé, *qui n'est aucunement reversible.* De la première de ces réalités à la seconde, elle marque une tension vitale tournée au possible vers la santé, le plaisir, la quiétude, la grâce rendue, les usages consentis. Elle a pour ennemis mortels le dépréciatif et le dépressif. — S'il n'existe plus de mots nobles, en revanche les faux poètes n'évitent pas de se signaler par des rapprochements ignobles, dont le type accompli est ce « Guitare bidet qui chante » d'un auteur abondant, du reste, en ces sortes de trouvailles.

> *Je vis des esprits rassemblés; ils avaient des chapeaux sur la tête.*
>
> Swedenborg.

> *Ta langue*
> *Le poisson rouge dans le bocal*
> *De ta voix*
>
> Guillaume Apollinaire.

> *Nous sommes passés par cette avenue plantée de seins bleus où le jour ne se différencie de la nuit que par une virgule et la sardine du hanneton que par un poil à gratter.*
>
> Benjamin Péret.

La plus belle lueur sur le sens général, obligatoire, que doit prendre l'image digne de ce nom nous est fournie par cet apologue Zen : « Par bonté bouddhique, Bashô modifia un jour, avec ingéniosité, un haïkaï cruel composé par son humoristique disciple, Kikakou. Celui-ci ayant dit : « Une libellule rouge — arrachez-lui les ailes — un piment », Bashô y substitua : « Un piment — mettez-lui des ailes — une libellule rouge. »

30 décembre 1947.

1935-1940

MONDE

Dans le salon de madame des Ricochets
Les miroirs sont en grains de rosée pressés
La console est faite d'un bras dans du lierre
Et le tapis meurt comme les vagues
Dans le salon de madame des Ricochets
Le thé de lune est servi dans des œufs d'engoulevent
Les rideaux amorcent la fonte des neiges
Et le piano en perspective perdue sombre d'un seul bloc dans la nacre
Dans le salon de madame des Ricochets
Des lampes basses en dessous de feuilles de tremble
Lutinent la cheminée en écailles de pangolin
Quand madame des Ricochets sonne
Les portes se fendent pour livrer passage aux servantes
  en escarpolette

LE PUITS ENCHANTÉ

Du dehors l'air est à se refroidir
Le feu éteint sous la bouillotte bleue des bois

La nature crache dans sa petite boîte de nuit
Sa brosse sans épaisseur commence à faire luire les
   arêtes des buissons et des navires

La ville aux longues aiguillées de fulgores
Monte jusqu'à se perdre
Le long d'une rampe de chansons qui tourne en vrille
   dans les rues désertes

Quand les marelles abandonnées se retournent l'une
   après l'autre dans le ciel
Tout au fond de l'entonnoir
Dans les fougères foulées du regard
J'ai rendez-vous avec la dame du lac

Je sais qu'elle viendra
Comme si je m'étais endormi sous des fuchsias

C'est là
A la place de la suspension du dessous dans la maison des nuages

Une cage d'ascenseur aux parois de laquelle éclate par touffes du linge de femme
De plus en plus vert

A moi

A moi la fleur du grisou
Le ludion humain la roussette blanche
La grande devinette sacrée

Mieux qu'au fil de l'eau Ophélie au ballet des mouches de mai
Voici au reflet du fil à plomb celle qui est dans le secret des taupes

Je vois la semelle de poussière de diamant je vois le paon blanc qui fait la roue derrière l'écran de la cheminée

Les femmes qu'on dessine à l'envers sont les seules qu'on n'ait jamais vues

Son sourire est fait pour l'expiation des plongeurs de perles
Aux poumons changés en coraux

C'est Méduse casquée dont le buste pivote lentement dans la vitrine
De profil je caresse ses seins aux pointes ailées

Ma voix ne lui parviendrait pas ce sont deux mondes
Et même
Rien ne servirait de jeter dans sa tour une lettre toute
 ouverte aux angles de glu

On m'a passé les menottes étincelantes de Peter
 Ibbetson

Je suis un couvreur devenu fou
Qui arrache par plaques et finirai bien par jeter bas
 tout le toit de la maison
Pour mieux voir comme la trombe s'élève de la mer
Pour me mêler à la bataille de fleurs
Quand une cuisse déborde l'écrin et qu'entre en jeu la
 pédale du danger

La belle invention
Pour remplacer le coucou l'horloge à escarpolette
Qui marque le temps suspendu

Pendeloque du lustre central de la terre
Mon sablier de roses
Toi qui ne remonteras pas à la surface
Toi qui me regardes sans me voir dans les jardins de
 la provocation pure
Toi qui m'envoies un baiser de la portière d'un train
 qui fuit

COURS-LES TOUTES

A Benjamin Péret

Au cœur du territoire indien d'Oklahoma
Un homme assis
Dont l'œil est comme un chat qui tourne autour d'un
   pot de chiendent

Un homme cerné
Et par sa fenêtre
Le concile des divinités trompeuses inflexibles
Qui se lèvent chaque matin en plus grand nombre du
   brouillard
Fées fâchées
Vierges à l'espagnole inscrites dans un étroit triangle
   isocèle
Comètes fixes dont le vent décolore les cheveux

Le pétrole comme les cheveux d'Éléonore
Bouillonne au-dessus des continents
Et dans sa voix transparente
A perte de vue il y a des armées qui s'observent
Il y a des chants qui voyagent sous l'aile d'une lampe
Il y a aussi l'espoir d'aller si vite

Que dans tes yeux
Se mêlent au fil de la vitre les feuillages et les lumières

Au carrefour des routes nomades
Un homme
Autour de qui on a tracé un cercle
Comme autour d'une poule

Enseveli vivant dans le reflet des nappes bleues
Empilées à l'infini dans son armoire

Un homme à la tête cousue
Dans les bas du soleil couchant
Et dont les mains sont des poissons-coffres

Ce pays ressemble à une immense boîte de nuit
Avec ses femmes venues du bout du monde
Dont les épaules roulent les galets de toutes les mers
Les agences américaines n'ont pas oublié de pourvoir
  à ces chefs indiens
Sur les terres desquels on a foré les puits
Et qui ne restent libres de se déplacer
Que dans les limites imposées par le traité de guerre

La richesse inutile
Les mille paupières de l'eau qui dort

Le curateur passe chaque mois
Il pose son gibus sur le lit recouvert d'un voile de flèches
Et de sa valise de phoque
Se répandent les derniers catalogues des manufactures
Ailés de la main qui les ouvrait et les fermait quand
  nous étions enfants

Une fois surtout une fois
C'était un catalogue d'automobiles
Présentant la voiture de mariée
Au speeder qui s'étend sur une dizaine de mètres
Pour la traîne
La voiture de grand peintre
Taillée dans un prisme
La voiture de gouverneur
Pareille à un oursin dont chaque épine est un lance-flammes

Il y avait surtout
Une voiture noire rapide
Couronnée d'aigles de nacre
Et creusée sur toutes ses facettes de rinceaux de cheminées de salon
Comme par les vagues
Un carrosse ne pouvant être mu que par l'éclair
Comme celui dans lequel erre les yeux fermés la princesse Acanthe
Une brouette géante toute en limaces grises
Et en langues de feu comme celle qui apparaît aux heures fatales dans le jardin de la tour Saint-Jacques
Un poisson rapide pris dans une algue et multipliant les coups de queue

Une grande voiture d'apparat et de deuil
Pour la dernière promenade d'un saint empereur à venir
De fantaisie
Qui démoderait la vie entière

Le doigt a désigné sans hésitation l'image glacée
Et depuis lors
L'homme à la crête de triton
A son volant de perles
Chaque soir vient border le lit de la déesse du maïs

Je garde pour l'histoire poétique
Le nom de ce chef dépossédé qui est un peu le nôtre
De cet homme seul engagé dans le grand circuit
De cet homme superbement rouillé dans une machine neuve
Qui met le vent en berne

Il s'appelle
Il porte le nom flamboyant de Cours-les toutes
A la vie à la mort cours à la fois les deux lièvres
Cours ta chance qui est une volée de cloches de fête et d'alarme
Cours les créatures de tes rêves qui défaillent rouées à leurs jupons blancs
Cours la bague sans doigt
Cours la tête de l'avalanche

29 octobre 1938.

LA MAISON D'YVES

La maison d'Yves Tanguy
Où l'on n'entre que la nuit

Avec la lampe-tempête

Dehors le pays transparent
Un devin dans son élément

Avec la lampe-tempête
Avec la scierie si laborieuse qu'on ne la voit plus

Et la toile de Jouy du ciel
— Vous, chassez le surnaturel

Avec la lampe-tempête
Avec la scierie si laborieuse qu'on ne la voit plus
Avec toutes les étoiles de sacrebleu

Elle est de lassos, de jambages
Couleur d'écrevisse à la nage

Avec la lampe-tempête
Avec la scierie si laborieuse qu'on ne la voit plus
Avec toutes les étoiles de sacrebleu
Avec les tramways en tous sens ramenés à leurs seules
  antennes

L'espace lié, le temps réduit
Ariane dans sa chambre-étui

Avec la lampe-tempête
Avec la scierie si laborieuse qu'on ne la voit plus
Avec toutes les étoiles de sacrebleu
Avec les tramways en tous sens ramenés à leurs seules
  antennes
Avec la crinière sans fin de l'argonaute

Le service est fait par des sphinges
Qui se couvrent les yeux de linges

Avec la lampe-tempête
Avec la scierie si laborieuse qu'on ne la voit plus
Avec toutes les étoiles de sacrebleu
Avec les tramways en tous sens ramenés à leurs seules
  antennes
Avec la crinière sans fin de l'argonaute
Avec le mobilier fulgurant du désert

On y meurtrit on y guérit
On y complote sans abri

Avec la lampe-tempête
Avec la scierie si laborieuse qu'on ne la voit plus

Avec toutes les étoiles de sacrebleu
Avec les tramways en tous sens ramenés à leurs seules antennes
Avec la crinière sans fin de l'argonaute
Avec le mobilier fulgurant du désert
Avec les signes qu'échangent de loin les amoureux

C'est la maison d'Yves Tanguy

QUELS APPRÊTS

Les armoires bombées de la campagne
Glissent silencieusement sur les rails de lait
C'est l'heure où les filles soulevées par le flot de la nuit
 qui roule des carlines
Se raidissent contre la morsure de l'hermine
Dont le cri
Va mouler les pointes de leur gorge

> Les événements d'un autre ordre sont absolument dépourvus d'intérêt
> Ne me parlez pas de ce papier mural à décor de ronces
> Qui n'a rien de plus pressé
> Que de se lacérer lui-même

Les flammes noires luttent dans la grille avec des langues d'herbe
Un galop lointain
C'est la charge souterraine sonnée dans le bois de violette et dans le buis
Toute la chambre se renverse

Le splendide alignement des mesures d'étain s'épuise
  en une seule qui par surcroît est le vin gris
La cuisse toujours trop tôt dépêchée sur le tableau de
  craie dans la tourmente de jour

> Les gisements d'hommes les lacs de murmures
> La pensée tirant sur son collier de vieilles niches
> Qu'on me laisse une fois pour toutes avec cela

Les diables-mouches voient dans ces ongles
Les pépins du quartier de pomme de la rosée
Ramené du fond de la vie
Le corps tout en poissons surgit du filet ruisselant
Dans la brousse
De l'air autour du lit
L'argus de la dérive chère les yeux fixes mi-ouverts
  mi-clos

Poitiers, 9 mai 1940.

Pleine marge

(1940)

A Pierre Mabille

Je ne suis pas pour les adeptes
Je n'ai jamais habité au lieu dit La Grenouillère
La lampe de mon cœur file et bientôt hoquète à l'approche des parvis

Je n'ai jamais été porté que vers ce qui ne se tenait pas à carreau
Un arbre élu par l'orage
Le bateau de lueurs ramené par un mousse
L'édifice au seul regard sans clignement du lézard et mille frondaisons

Je n'ai vu à l'exclusion des autres que des femmes qui avaient maille à partir avec leur temps
Ou bien elles montaient vers moi soulevées par les vapeurs d'un abîme

Ou encore absentes il y a moins d'une seconde elles me précédaient du pas de la Joueuse de tympanon
Dans la rue au moindre vent où leurs cheveux portaient la torche

Entre toutes cette reine de Byzance aux yeux passant de si loin l'outre-mer
Que je ne me retrouve jamais dans le quartier des Halles où elle m'apparut
Sans qu'elle se multiplie à perte de vue dans les glaces des voitures des marchandes de violettes

Entre toutes l'enfant des cavernes son étreinte prolongeant de toute la vie la nuit esquimau
Quand déjà le petit jour hors d'haleine grave son renne sur la vitre

Entre toutes la religieuse aux lèvres de capucine
Dans le car de Crozon à Quimper
Le bruit de ses cils dérange la mésange charbonnière
Et le livre à fermoir va glisser de ses jambes croisées

Entre toutes l'ancienne petite gardienne ailée de la Porte
Par laquelle les conjectures se faufilent entre les pousse-pousse
Elle me montre alignées des caisses aux inscriptions idéographiques le long de la Seine
Elle est debout sur l'œuf brisé du lotus contre mon oreille

Entre toutes celle qui me sourit du fond de l'étang de Berre
Quand d'un pont des Martigues il lui arrive de suivre appuyée contre moi la lente procession des lampes couchées
En robe de bal des méduses qui tournoient dans le lustre
Celle qui feint de ne pas être pour tout dans cette fête

D'ignorer ce que cet accompagnement repris chaque jour dans les deux sens a de votif

Entre toutes

Je reviens à mes loups à mes façons de sentir
Le vrai luxe
C'est que le divan capitonné de satin blanc
Porte l'étoile de la lacération

Il me faut ces gloires du soir frappant de biais votre bois de lauriers

Les coquillages géants des systèmes tout érigés qui se présentent en coupe irrégulière dans la campagne
Avec leurs escaliers de nacre et leurs reflets de vieux verres de lanternes
Ne me retiennent qu'en fonction de la part de vertige
Faite à l'homme qui pour ne rien laisser échapper de la grande rumeur
Parfois est allé jusqu'à briser le pédalier

Je prends mon bien dans les failles du roc là où la mer
Précipite ses globes de chevaux montés de chiens qui hurlent
Où la conscience n'est plus le pain dans son manteau de roi
Mais le baiser le seul qui se recharge de sa propre braise

Et même des êtres engagés dans une voie qui n'est pas la mienne
Qui est à s'y méprendre le contraire de la mienne

Elle s'ensable au départ dans la fable des origines
Mais le vent s'est levé tout à coup les rampes se sont mises à osciller grandement autour de leur pomme irisée
Et pour eux ç'a été l'univers défenestré
Sans plus prendre garde à ce qui ne devrait jamais finir
Le jour et la nuit échangeant leurs promesses
Ou les amants au défaut du temps retrouvant et perdant la bague de leur source

O grand mouvement sensible par quoi les autres parviennent à être les miens
Même ceux-là dans l'éclat de rire de la vie tout encadrés de bure
Ceux dont le regard fait un accroc rouge dans les buissons de mûres
M'entraînent m'entraînent où je ne sais pas aller
Les yeux bandés tu brûles tu t'éloignes tu t'éloignes
De quelque manière qu'ils aient frappé leur couvert est mis chez moi

Mon beau Pélage couronné de gui ta tête droite sur tous ces fronts courbés

Joachim de Flore mené par les anges terribles
Qui à certaines heures aujourd'hui rabattent encore leurs ailes sur les faubourgs
Où les cheminées fusent invitant à une résolution plus proche dans la tendresse
Que les roses constructions heptagonales de Giotto

Maître Eckhardt mon maître dans l'auberge de la raison

Où Hegel dit à Novalis Avec lui nous avons tout ce qu'il
   nous faut et ils partent
Avec eux et le vent j'ai tout ce qu'il me faut

Jansénius oui je vous attendais prince de la rigueur
Vous devez avoir froid

Le seul qui de son vivant réussit à n'être que son
   ombre
Et de sa poussière on vit monter menaçant toute la
   ville la fleur du spasme
Pâris le diacre

La belle la violée la soumise l'accablante La Cadière

Et vous messieurs Bonjour
Qui en assez grande pompe avez bel et bien crucifié
   deux femmes je crois
Vous dont un vieux paysan de Fareins-en-Dôle
Chez lui entre les portraits de Marat et de la Mère
   Angélique
Me disait qu'en disparaissant vous avez laissé à ceux
   qui sont venus et pourront venir
Des provisions pour longtemps

Salon-Martigues, septembre 1940.

Fata Morgana

(1940)

FATA MORGANA

Ce matin la fille de la montagne tient sur ses genoux
   un accordéon de chauves-souris blanches
Un jour un nouveau jour cela me fait penser à un
   objet que je garde
Alignés en transparence dans un cadre des tubes en
   verre de toutes les couleurs de philtres de liqueurs
Qu'avant de me séduire il ait dû répondre peu importe
   à quelque nécessité de représentation commerciale
Pour moi nulle œuvre d'art ne vaut ce petit carré fait
   de l'herbe diaprée à perte de vue de la vie
Un jour un nouvel amour et je plains ceux pour qui
   l'amour perd à ne pas changer de visage
Comme si de l'étang sans lumière la carpe qui me tend
   à l'éveil une boucle de tes cheveux
N'avait plus de cent ans et ne me taisait tout ce que
   je dois pour rester moi-même ignorer
Un nouveau jour est-ce bien près de toi que j'ai dormi
J'ai donc dormi j'ai donc passé les gants de mousse
Dans l'angle je commence à voir briller la mauvaise
   commode qui s'appelle hier
Il y a de ces meubles embarrassants dont le véritable
   office est de cacher des issues

De l'autre côté qui sait la barque aimantée nous pourrions partir ensemble
A la rencontre de l'arbre sous l'écorce duquel il est dit
Ce qu'à nous seuls nous sommes l'un à l'autre dans la grande algèbre
Il y a de ces meubles plus lourds que s'ils étaient emplis de sable au fond de la mer
Contre eux il faudrait des mots-leviers
De ces mots échappés d'anciennes chansons qui vont au superbe paysage de grues
Très tard dans les ports parcourus en zigzag de bouquets de fièvre
Écoute

Je vois le lutin
Que d'un ongle tu mets en liberté
En ouvrant un paquet de cigarettes
Le héraut-mouche qui jette le sel de la mode
Si zélé à faire croire que tout ne doit pas être de toujours
Celui qui exulte à faire dire Allo je n'entends plus

Comme c'est joli qu'est-ce que ça rappelle

Si j'étais une ville dis-tu Tu serais Ninive sur le Tigre
Si j'étais un instrument de travail Plût au ciel noir tu serais la canne des cueilleurs dans les verreries
Si j'étais un symbole Tu serais une fougère dans une nasse
Et si j'avais un fardeau à porter Ce serait une boule faite de têtes d'hermines qui crient
Si je devais fuir la nuit sur une route Ce serait le sillage du géranium

Si je pouvais voir derrière moi sans me retourner Ce serait l'orgueil de la torpille

Comme c'est joli

En un rien de temps
Il faut convenir qu'on a vu s'évanouir dans un rêve
Les somptueuses robes en tulle pailleté des arroseuses municipales
Et même plier bagage sous le regard glacial de l'amiral Coligny
Le dernier vendeur de papier d'Arménie
De nos jours songe qu'une expédition se forme pour la capture de l'oiseau quetzal dont on ne possède plus en vie oui en vie que quatre exemplaires
Qu'on a vu tourner à blanc la roulette des marchands de plaisir

Qu'est-ce que ça rappelle

Dans les hôtels à plantes vertes c'est l'heure où les charnières des portes sans nombre
D'un coup d'archet s'apprêtent à séparer comme les oiseaux les chaussures les mieux accordées
Sur les paliers mordorés dans le moule à gaufre fracassé où se cristallise le bismuth
A la lumière des châteaux vitrifiés du mont Knock-Farril dans le comté de Ross
Un jour un nouveau jour cela me fait penser à un objet que garde mon ami Wolfgang Paalen
D'une corde déjà grise tous les modèles de nœuds réunis sur une planchette

Je ne sais pourquoi il déborde tant le souci didactique
 qui a présidé à sa construction sans doute pour une
 école de marins
Bien que l'ingéniosité de l'homme donne ici sa fleur
 que nimbe la nuée des petits singes aux yeux
 pensifs
En vérité aucune page des livres même virant au
 pain bis n'atteint à cette vertu conjuratoire rien
 ne m'est si propice
Un nouvel amour et que d'autres tant pis se bornent
 à adorer
La bête aux écailles de roses aux flancs creux dont
 j'ai trompé depuis longtemps la vigilance
Je commence à voir autour de moi dans la grotte
Le vent lucide m'apporte le parfum perdu de l'existence
Quitte enfin de ses limites
A cette profondeur je n'entends plus sonner que le
 patin
Dont parfois l'éclair livre toute une perspective
 d'armoires à glace écroulées avec leur linge
Parce que tu tiens
Dans mon être la place du diamant serti dans une vitre
Qui me détaillerait avec minutie le gréement des
 astres
Deux mains qui se cherchent c'est assez pour le toit
 de demain
Deux mains transparentes la tienne le murex dont
 les anciens ont tiré mon sang

Mais voici que la nappe ailée
S'approche encore léchée de la flamme des grands vins
Elle comble les arceaux d'air boit d'un trait les
 lacunes des feuilles

Et joue à se faire prendre en écharpe par l'aqueduc
Qui roule des pensées sauvages

Les bulles qui montent à la surface du café
Après le sucre le charmant usage populaire qui veut que les prélève la cuiller
Ce sont autant de baisers égarés
Avant qu'elles ne courent s'anéantir contre les bords
O tourbillon plus savant que la rose
Tourbillon qui emporte l'esprit qui me regagne à l'illusion enfantine
Que tout est là pour quelque chose qui me concerne

Qu'est-ce qui est écrit
Il y a ce qui est écrit sur nous et ce que nous écrivons
Où est la grille qui montrerait que si son tracé extérieur
Cesse d'être juxtaposable à son tracé intérieur
La main passe

Plus à portée de l'homme il est d'autres coïncidences
Véritables fanaux dans la nuit du sens
C'était plus qu'improbable c'est donc *exprès*
Mais les gens sont si bien en train de se noyer
Que ne leur demandez pas de saisir la perche

Le lit fonce sur ses rails de miel bleu
Libérant en transparence les animaux de la sculpture médiévale
Il incline prêt à verser au ras des talus de digitales
Et s'éclaire par intermittence d'yeux d'oiseaux de proie
Chargés de tout ce qui émane du gigantesque casque emplumé d'Otrante

Le lit fonce sur ses rails de miel bleu
Il lutte de vitesse avec les ciels changeants
Qui conviennent toujours ascension des piques de clôture des parcs
Et boucanage de plus belle succédant au lever de danseuses sur le comptoir
Le lit brûle les signaux il ne fait qu'un de tous les bocaux de poissons rouges
Il lutte de vitesse avec les ciels changeants
Rien de commun tu sais avec le petit chemin de fer
Qui se love à Cordoba du Mexique pour que nous ne nous lassions pas de découvrir
Les gardénias qui embaument dans de jeunes pousses de palmier évidées
Ou ailleurs pour nous permettre de choisir
Du marchepied dans les lots d'opales et de turquoises brutes
Non le lit à folles aiguillées ne se borne pas à dérouler la soie des lieux et des jours incomparables
Il est le métier sur lequel se croisent les cycles et d'où sourd ce qu'on pressent sous le nom de musique des sphères
Le lit brûle les signaux il ne fait qu'un de tous les bocaux de poissons rouges
Et quand il va pour fouiller en sifflant le tunnel charnel
Les murs s'écartent la vieille poudre d'or à n'y plus voir se lève des registres d'état-civil
Enfin tout est repris par le mouvement de la mer
Non le lit à folles aiguillées ne se borne pas à dérouler la soie des lieux et des jours incomparables

C'est la pièce sans entractes le rideau levé une fois pour toutes sur la cascade

Dis-moi

Comment se défendre en voyage de l'arrière-pensée pernicieuse

Que l'on ne se rend pas où l'on voudrait

La petite place qui fuit entourée d'arbres qui diffèrent imperceptiblement de tous les autres

Existe pour que nous la traversions sous tel angle dans la vraie vie

Le ruisseau en cette boucle même comme en nulle autre de tous les ruisseaux

Est maître d'un secret qu'il ne peut faire nôtre à la volée

Derrière la fenêtre celle-ci faiblement lumineuse entre bien d'autres plus ou moins lumineuses

Ce qui *se passe*

Est de toute importance pour nous peut-être faudrait-il revenir

Avoir le courage de sonner

Qui dit qu'on ne nous accueillerait pas à bras ouverts

Mais rien n'est vérifié tous ont peur nous-mêmes

Avons presque aussi peur

Et pourtant je suis sûr qu'au fond du bois fermé à clé qui tourne en ce moment contre la vitre

S'ouvre la seule clairière

Est-ce là l'amour cette promesse qui nous dépasse

Ce billet d'aller et retour éternel établi sur le modèle de la phalène chinée

Est-ce l'amour ces doigts qui pressent la cosse du brouillard

Pour qu'en jaillissent les villes inconnues aux portes hélas éblouissantes

L'amour ces fils télégraphiques qui font de la lumière insatiable un brillant sans cesse qui se rouvre

De la taille même de notre compartiment de la nuit
Tu viens à moi de plus loin que l'ombre je ne dis
 pas dans l'espace des séquoias millénaires
Dans ta voix se font la courte échelle des trilles
 d'oiseaux perdus

Beaux dés pipés
Bonheur et malheur
Au bonneteau tous ces yeux écarquillés autour
 d'un parapluie ouvert
Quelle revanche le santon-puce de la bohémienne
Ma main se referme sur elle
Si j'échappais à mon destin

Il faut chasser le vieil aveugle des lichens du mur
 d'église
Détruire jusqu'au dernier les horribles petits folios
 déteints jaunes verts bleus roses
Ornés d'une fleur variable et exsangue
Qu'il vous invite à détacher de sa poitrine
Un à un contre quelques sous

Mais toujours force reste
Au langage ancien les simples la marmite
Une chevelure qui vient au feu
Et quoi qu'on fasse jamais happé au cœur de toute
 lumière
Le drapeau des pirates

Un homme grand engagé sur un chemin périlleux
Il ne s'est pas contenté de passer sous un bleu d'ou-
 vrier les brassards à pointes acérées d'un criminel
 célèbre

A sa droite le lion dans sa main l'oursin
Se dirige vers l'est
Où déjà le tétras gonfle de vapeur et de bruit sourd les airelles
Voilà qu'il tente de franchir le torrent les pierres qui sont des lueurs d'épaules de femmes au théâtre
Pivotent en vain très lentement
J'avais cessé de le voir il reparaît un peu plus bas sur l'autre berge
Il s'assure qu'il est toujours porteur de l'oursin
A sa droite le lion all right
Le sol qu'il effleure à peine crépite de débris de faulx

En même temps cet homme descend précipitamment un escalier au cœur d'une ville il a déposé sa cuirasse
Au dehors on se bat contre ce qui ne peut plus durer
Cet homme parmi tant d'autres brusquement semblables
Qu'est-il donc que se sent-il donc de plus que lui-même
Pour que ce qui ne peut plus
       durer ne dure plus
Il est tout prêt à ne plus durer lui-même
Un pour tous advienne que pourra
Ou la vie serait la goutte de poison
Du non-sens introduite dans le chant de l'alouette au-dessus des coquelicots
La rafale passe

En même temps
Cet homme qui relevait des casiers autour du phare
Hésite à rentrer il soulève avec précaution des algues et des algues
Le vent est tombé ainsi soit-il
Et encore des algues qu'il repose

Comme s'il lui était interdit de découvrir dans son ensemble le jeune corps de femme le plus secret
D'où part une construction ailée
Ici le temps se brouille à la fois et s'éclaire
Du trapèze tout en cigales
Mystérieusement une très petite fille interroge
André tu ne sais pas pourquoi je résédise
Et aussitôt une pyramide s'élance au loin
A la vie à la mort ce qui commence me précède et m'achève
Une fine pyramide à jour de pierre dure
Reliée à ce beau corps par des lacets vermeils

De la brune à la blonde
Entre le chaume et la couche de terreau
Il y a place pour mille et une cloches de verre
Sous lesquelles revivent sans fin les têtes qui m'enchantent
Dans la suspension du sacre
Têtes de femmes qui se succèdent sur tes épaules quand tu dors
Il en est de si lointaines
Têtes d'hommes aussi
Innombrables à commencer par ces chefs d'empereurs à la barbe glissante
Le maraîcher va et vient sous sa housse
Il embrasse d'un coup d'œil tous les plateaux montés cette nuit du centre de la terre
Un nouveau jour c'est lui et tous ces êtres
Aisément reconnaissables dans les vapeurs de la campagne
C'est toi c'est moi à tâtons sous l'éternel déguisement

Dans les entrelacs de l'histoire momie d'ibis

Un pas pour rien comme on cargue la voilure momie d'ibis
Ce qui sort du côté cour rentre par le côté jardin momie d'ibis
Si le développement de l'enfant permet qu'il se libère du fantasme de démembrement de dislocation du corps momie d'ibis
Il ne sera jamais trop tard pour en finir avec le morcelage de l'âme momie d'ibis
Et par toi seule sous toutes ses facettes de momie d'ibis
Avec tout ce qui n'est plus ou attend d'être je retrouve l'unité perdue momie d'ibis
Momie d'ibis du non-choix à travers ce qui me parvient
Momie d'ibis qui veut que tout ce que je puis savoir contribue à moi sans distinction
Momie d'ibis qui me fait l'égal tributaire du mal et du bien
Momie d'ibis du sort goutte à goutte où l'homéopathie dit son grand mot
Momie d'ibis de la quantité se muant dans l'ombre en qualité
Momie d'ibis de la combustion qui laisse en toute cendre un point rouge
Momie d'ibis de la perfection qui appelle la fusion incessante des créatures imparfaites
La gangue des statues ne me dérobe de moi-même que ce qui n'est pas le produit aussi précieux de la semence des gibets momie d'ibis
Je suis Nietzsche commençant à comprendre qu'il est à la fois Victor-Emmanuel et deux assassins des journaux Astu momie d'ibis

C'est à moi seul que je dois tout ce qui s'est écrit
 pensé chanté momie d'ibis
Et sans partage toutes les femmes de ce monde je
 les ai aimées momie d'ibis
Je les ai aimées pour t'aimer mon unique amour
 momie d'ibis
Dans le vent du calendrier dont les feuilles s'envolent
 momie d'ibis
En vue de ce reposoir dans le bois momie d'ibis sur
 le parcours du lactaire délicieux

Ouf le basilic est passé tout près sans me voir
Qu'il revienne je tiens braqué sur lui le miroir
Où est faite pour se consommer la jouissance humaine
 imprescriptible
Dans une convulsion que termine un éclaboussement
 de plumes dorées
Il faudrait marquer ici de sanglots non seulement
 les attitudes du buste
Mais encore les effacements et les oppositions de la tête
Le problème reste plus ou moins posé en chorégraphie
Où non plus je ne sache pas qu'on ait trouvé de mesure
 pour l'éperdu
Quand la coupe ce sont précisément les lèvres
Dans cette accélération où défilent
Sous réserve de contrôle
Au moment où l'on se noie les menus faits de la vie
Mais les cabinets d'antiques abondent en pierres
 d'Abraxas
Trois cent soixante-cinq fois plus méchantes que le
 jour solaire
Et l'œuf religieux du coq
Continue à être couvé religieusement par le crapaud

Du vieux balcon qui ne tient plus que par un fil de lierre
Il arrive que le regard errant sur les dormantes eaux du fossé circulaire
Surprenne en train de se jouer le progrès hermétique
Tout de feinte et dont on ne saurait assez redouter
La séduction infinie
A l'en croire rien ne manque qui ne soit donné en puissance et c'est vrai ou presque
La belle lumière électrique pourvu que cela ne te la fane pas de penser qu'un jour elle paraîtra jaune
De haute lutte la souffrance a bien été chassée de quelques-uns de ses fiefs
Et les distances peuvent continuer à fondre
Certains vont même jusqu'à soutenir qu'il n'est pas impossible que l'homme
Cesse de dévorer l'homme bien qu'on n'avance guère de ce côté
Cependant cette suite de prestiges je prendrai garde comme une toile d'araignée étincelante
Qu'elle ne s'accroche à mon chapeau
Tout ce qui vient à souhait est à double face et fallacieux
Le meilleur à nouveau s'équilibre de pire
Sous le bandeau de fusées
Il n'est que de fermer les yeux
Pour retrouver la table du permanent

Ceci dit la représentation continue
Eu égard ou non à l'actualité
L'action se passe dans le voile du hennin d'Isabeau de Bavière
Toutes dentelles et moires

Aussi fluides que l'eau qui fait la roue au soleil sur les glaces des fleuristes d'aujourd'hui
Le cerf blanc à reflets d'or sort du bois du Châtelet
Premier plan de ses yeux qui expriment le rêve des chants d'oiseaux du soir
Dans l'obliquité du dernier rayon le sens d'une révélation mystérieuse
Que sais-je encore et qu'on sait capables de pleurer
Le cerf ailé frémit il fond sur l'aigle avec l'épée
Mais l'aigle est partout
           sus à lui
             il y a eu l'avertissement
De cet homme dont les chroniqueurs s'obstinent à rapporter dans une intention qui leur échappe
Qu'il était vêtu de blanc de cet homme bien entendu qu'on ne retrouvera pas
Puis la chute d'une lance contre un casque ici le musicien a fait merveille
C'est toute la raison qui s'en va quand l'heure pourrait être frappée sans que tu y sois

Dans les ombres du décor le peuple est admis à contempler les grands festins
On aime toujours beaucoup voir manger sur la scène
De l'intérieur du pâté couronné de faisans
Des nains d'un côté noirs de l'autre arc-en-ciel soulèvent le couvercle
Pour se répandre dans un harnachement de grelots et de rires
Éclat *contrasté* de traces de coups de feu de la croûte qui tourne
Enchaîné sur le bal des Ardents *rappel en trouble* de l'épisode qui suit de près celui du cerf

Un homme peut-être trop habile descend du haut des tours de Notre-Dame
En voltigeant sur une corde tendue
Son balancier de flambeaux leur lueur insolite au grand jour
Le buisson des cinq sauvages dont quatre captifs l'un de l'autre le soleil de plumes
Le duc d'Orléans prend la torche la main la mauvaise main
Et quelque temps après à huit heures du soir la main
On s'est toujours souvenu qu'elle jouait avec le gant
La main le gant une fois deux fois *trois fois*
Dans l'angle sur le fond du palais le plus blanc les beaux traits ambigus de Pierre de Lune à cheval
Personnifiant le second luminaire
Finir sur l'emblème de la reine en pleurs
Un souci Plus ne m'est rien rien ne m'est plus
                                      Oui sans toi
Le soleil

Marseille, décembre 1940.

1940-1943

FRÔLEUSE

Mes malles n'ont plus de poids les étiquettes sont des lueurs courant sur une mare
Sera-ce assez que tout pour cette contrée où mène bien après sa mise au rebut la diligence de nuit
Toute en cristal noir le long des meules tournant de cailles
Château qui tremble et j'en jure que vient de poser devant moi un éclair
Lieu frustré de tout ce qui pourrait le rendre habitable
Je ne vois qu'étroits couloirs enchevêtrés
Escaliers à vis
Seulement au haut de la tour de guet
Éclate l'air taillé en rose
Bannie superstitieusement la place primitive d'une brassée de joncs pour s'étendre
L'architecte fou de ce qui restait d'espace libre
Semble avoir rêvé un garage pour mille tables rondes
A chacune d'elles sont présumés souper au caviar au champagne
Avec moi des bustes de cire plus beaux les uns que les autres mais parmi eux méconnaissable s'est glissé un buste vivant

Bustes car il n'y a qu'une nappe à reflets changeants
 pour toutes les tables
Assez lacunaire pour emprisonner la taille de toutes
 ces femmes fausses et vraies
Tout ce qui est ou manque d'être au-dessous de la
 nappe se dérobe dans la musique
Oracle attendu de la navette d'un soulier
Plus brillant qu'un poisson jeté dans l'herbe
Ou d'un mollet qui fait un bouquet des lampes de
 mineur
Ou du genou qui lance un volant dans mon cœur
Ou d'une bouche qui penche qui penche à verser
 son parfum
Ou d'une main d'abord un peu en marge à l'instant
 même où il apparaît qu'elle n'évite pas un rapport
 d'ailes avec ma main
O ménisques
Au-delà de tous les présents permis et défendus
A dos d'éléphants ces piliers qui s'amincissent jus-
 qu'au fil de soie dans les grottes
Ménisques adorable rideau de tangence quand la
 vie n'est plus qu'une aigrette qui boit
Et dis-toi qu'aussi bien je ne te verrai plus

PASSAGE À NIVEAU

D'un coup de baguette ç'avaient été les fleurs
Et le sang
Le rayon se posa sur la fenêtre gelée
Personne
Pfff on comprit que l'espace se débondait
Puis l'oreiller d'air s'est glissé sous le sainfoin
Les avalanches ont dressé la tête
Et à l'intérieur des pierres des épaules se sont soulevées
Les yeux étaient encore fermés dans l'eau méfiante
Des profondeurs montait la triple collerette
Qui allait faire l'orgueil de l'armoire
Et la chanson des cigales prenait son billet
A la gare encore enveloppée de tous ses fils
La femme mordait une pomme de vapeur
Sur les genoux d'une grande bête blanche
Dans les ateliers sur les établis silencieux
Le rabot de la lune lissait les feuilles coupantes
Et la meule crachait ses papillons
Sur la bordure du papier où j'écris

PREMIERS TRANSPARENTS

Comment veux-tu voici que les plombs sautent encore une fois
Voici la seiche qui s'accoude d'un air de défi à la fenêtre
Et voici ne sachant où déplier son étincelante grille d'égout
Le clown de l'éclipse tout en blanc
Les yeux dans sa poche
Les femmes sentent la noix muscade
Et les principaux pastillés fêtent leur frère le vent
Qui a revêtu sa robe à tourniquet des grands jours
Mandarin à boutons de boussoles folles
Messieurs les morceaux de papier se saluent de haut en bas des maisons

New York.

PLUS QUE SUSPECT

Les chênes sont atteints d'une grave maladie
Ils sèchent après avoir laissé échapper
Dans une lumière de purin au soleil couchant
Toute une cohue de têtes de généraux

INTÉRIEUR

Une table servie du plus grand luxe
Démesurément longue
Me sépare de la femme de ma vie
Que je vois mal
Dans l'étoile des verres de toutes tailles qui la tient
   renversée en arrière
Décolletée en coup de vent

GUERRE

Je regarde la Bête pendant qu'elle se lèche
Pour mieux se confondre avec tout ce qui l'entoure
Ses yeux couleur de houle
A l'improviste sont la mare tirant à elle le linge sale les détritus
Celle qui arrête toujours l'homme
La mare avec sa petite place de l'Opéra dans le ventre
Car la phosphorescence est la clé des yeux de la Bête
Qui se lèche
Et sa langue
Dardée on ne sait à l'avance jamais vers où
Est un carrefour de fournaises
D'en dessous je contemple son palais
Fait de lampes dans des sacs
Et sous la voûte bleu de roi
D'arceaux dédorés en perspective l'un dans l'autre
Pendant que court le souffle fait de la généralisation à l'infini de celui de ces misérables le torse nu qui se produisent sur la place publique avalant des torches à pétrole dans une aigre pluie de sous

Les pustules de la Bête resplendissent de ces hécatombes de jeunes gens dont se gorge le Nombre
Les flancs protégés par les miroitantes écailles que sont les armées
Bombées dont chacune tourne à la perfection sur sa charnière
Bien qu'elles dépendent les unes des autres non moins que les coqs qui s'insultent à l'aurore de fumier à fumier
On touche au défaut de la conscience pourtant certains persistent à soutenir que le jour va naître
La porte j'ai voulu dire la Bête se lèche sous l'aile
Et l'on voit est-ce de rire se convulser des filous au fond d'une taverne
Ce mirage dont on avait fait la bonté se raisonne
C'est un gisement de mercure
Cela pourrait bien se laper d'un seul coup
J'ai cru que la Bête se tournait vers moi j'ai revu la saleté de l'éclair
Qu'elle est blanche dans ses membranes dans le délié de ses bois de bouleaux où s'organise le guet
Dans les cordages de ses vaisseaux à la proue desquels plonge une femme que les fatigues de l'amour ont parée d'un loup vert
Fausse alerte la Bête garde ses griffes en couronne érectile autour des seins
J'essaie de ne pas trop chanceler quand elle bouge la queue
Qui est à la fois le carrosse biseauté et le coup de fouet
Dans l'odeur suffocante de cicindèle

De sa litière souillée de sang noir et d'or vers la lune elle aiguise une de ses cornes à l'arbre enthousiaste du grief
En se lovant avec des langueurs effrayantes
Flattée
La Bête se lèche le sexe je n'ai rien dit

MOT A MANTE

A Matta.

I

LA COURTE ÉCHELLE

Passe un nuagenouillé
Devant les mots qui sont la lune
(Les cornes de la girafenêtre)
    J'ai demandé un cafélin
      ...Non pas de croissantos-dumont
Ce qui était espacétoine
Se fait muscadenas
Pour l'action toute neuve
Voici le vitrier sur le volet
Dans la langue totémique Mattatoucantharide
Mattalismancenillier

II

LA PORTE BAT

La   por   por   porte   por
La   fe   nê   tre
Sur l'odeur amère du limurerre
Qui me rappelle Milady de Winter
Lissant son cheautru derrière les losanges de la pluie
Brifrouse-bifrousses le plancher est si vieux
Qu'à travers on voit le feu de la terre
Toutes les belles à leur coumicouroir
Comme les hirondelles
Sur les fils   où je joue   dans les gouttes
D'un instrument inconnu
Oumyoblisoettiste
Au cœur de ce nœud de serpents
Qu'est la croix ses quatre gueules fuyantes suspendues
    aux pis cardinaux

Les États généraux

LES ÉTATS GÉNÉRAUX

Dis ce qui est dessous parle
Dis ce qui commence
Et polis mes yeux qui accrochent à peine la lumière
Comme un fourré que scrute un chasseur somnambule
Polis mes yeux fais sauter cette capsule de marjolaine
Qui sert à me tromper sur les espèces du jour
Le jour si c'était lui
Quand passe sur les campagnes l'heure de traire
Descendrait-il si précipitamment ses degrés
Pour s'humilier devant la verticale d'étincelles
Qui saute de doigts en doigts entre les jeunes femmes
   des fermes toujours sorcières
Polis mes yeux à ce fil superbe sans cesse renaissant
   de sa rupture
Ne laisse que lui écarte ce qui est tavelé
Y compris au loin la grande rosace des batailles
Comme un filet qui s'égoutte sous le spasme des
   poissons du couchant
Polis mes yeux polis-les à l'éclatante poussière de
   tout ce qu'ils ont vu
Une épaule des boucles près d'un broc d'eau verte
Le matin

Dis ce qui est sous le matin sous le soir
Que j'aie enfin l'aperçu topographique de ces poches extérieures aux éléments et aux règnes
Dont le système enfreint la distribution naïve des êtres et des choses
Et prodigue au grand jour le secret de leurs affinités
De leur propension à s'éviter ou à s'étreindre
A l'image de ces courants
Qui se traversent sans se pénétrer sur les cartes maritimes
Il est temps de mettre de côté les apparences individuelles d'autrefois
Si promptes à s'anéantir dans une seule châtaigne de culs de mandrilles
D'où les hommes par légions prêts à donner leur vie
Échangent un dernier regard avec les belles toutes ensemble
Qu'emporte le pont d'hermine d'une cosse de fève
Mais polis mes yeux
A la lueur de toutes les enfances qui se mirent à la fois dans une amande
Au plus profond de laquelle à des lieues et des lieues
S'éveille un feu de forge
Que rien n'inquiète l'oiseau qui chante entre les 8
De l'arbre des coups de fouet

il y aura

D'où vient ce bruit de source
Pourtant la clé n'est pas restée sur la porte

Comment faire pour déplacer ces énormes pierres noires
Ce jour-là je tremblerai de perdre une trace
Dans un des quartiers brouillés de Lyon
Une bouffée de menthe c'est quand j'allais avoir vingt ans
Devant moi la route hypnotique avec une femme sombrement heureuse
D'ailleurs les mœurs vont beaucoup changer
Le grand interdit sera levé
Une libellule on courra pour m'entendre en 1950
A cet embranchement
Ce que j'ai connu de plus beau c'est le vertige
Et chaque 25 mai en fin d'après-midi le vieux Delescluze
Au masque auguste descend vers le Château-d'Eau
On dirait qu'on bat des cartes de miroir dans l'ombre

toujours

Ah voilà le retomber d'ailes inclus déjà dans le lâcher
D'emblée la voûte dans toute son horreur
Le mot polie rouillée et poule mouillée
Qui ronge le dessin de l'orgue de Barbarie
Il n'est pas trop tôt qu'on commence à se garer
A comprendre que le phénix
Est fait d'éphémères
Une des idées mendiantes qui m'inspirent le plus de compassion

C'est qu'on croie pouvoir frapper de grief l'ana-
chronisme
Comme si sous le rapport causal à merci interchan-
geable
Et à plus forte raison dans la quête de la liberté
A rebours de l'opinion admise on n'était pas autorisé
à tenir la mémoire
Et tout ce qui se dépose de lourd avec elle
Pour les sous-produits de l'imagination
Comme si j'étais fondé le moins du monde
A me croire moi d'une manière stable
Alors qu'il suffit d'une goutte d'oubli ce n'est pas rare
Pour qu'à l'instant où je me considère je vienne
d'être tout autre et d'une autre goutte
Pour que je me succède sous un aspect hors de conjec-
ture
Comme si même le risque avec son imposant appareil
de tentations et de syncopes
En dernière analyse n'était sujet à caution

une pelle

La cassure de la brique creuse sourit à la chaux vive
L'air mêle les haleines des bouches les plus désirables
La première fois qu'elles se sont abandonnées
Et le mouvement de l'ouvrier est jeune c'est à croire
Que le ressort du soleil n'a jamais servi
Pleine de velléités d'essors tendue de frissons
Une haie traverse la chambre d'amour
A l'heure où les griffons quittent les échafaudages

Montre montre encore
Conjuguant leurs tourbillons
Volcans et rapides
De la taille d'une ville à celle d'un ongle
Disposent de l'homme font jouer à plein ses jointures
Dans la fusion mondiale des entreprises industrielles
Et plus singulièrement obtiennent de lui
Qu'il réprime jusqu'au cillement
Au microscope
Dans une tension héritée de l'affût primitif
Lorsqu'il lui est donné en partage
Non plus seulement de les subir mais de les déceler tout au fond de la vie
Et le manœuvre
N'est pas moins grand que le savant aux yeux du poète
L'énergie il ne s'agissait que de l'amener à l'état pur
Pour tout rendre limpide
Pour mettre aux pas humains des franges de sel
Il suffisait que le peuple se conçût en tant que tout et le devînt
Pour qu'il s'élève au sens de la dépendance universelle dans l'harmonie
Et que la variation par toute la terre des couleurs de peau et des traits
L'avertisse que le secret de son pouvoir
Est dans le libre appel au génie autochtone de chacune des races
En se tournant d'abord vers la race noire la race rouge
Parce qu'elles ont été longtemps les plus offensées
Pour que l'homme et la femme du plus près les yeux dans les yeux

Elle n'accepte le joug lui ne lise sa perte
Chantier qui tremble chantier qui bat de lumière première
L'énigme est de ne pas savoir si l'on abat si l'on bâtit

au vent

Jersey Guernesey par temps sombre et illustre
Restituent au flot deux coupes débordant de mélodie
L'une dont le nom est sur toutes les lèvres
L'autre qui n'a été en rien profanée
Et celle-ci découvre un coin de tableau anodin familial
Sous la lampe un adolescent fait la lecture à une dame âgée
Mais quelle ferveur de part et d'autre quels transports en lui
Pour peu qu'elle ait été l'amie de Fabre d'Olivet
Et qu'il soit appelé à se parer du nom de Saint-Yves d'Alveydre
Et le poulpe dans son repaire cristallin
Le cède en volutes et en tintements
A l'alphabet hébreu [1], je sais ce qu'étaient les directions poétiques d'hier

---

1. Tant de vraie grandeur oui en dépit de ce que peut
            [avoir d'indisposant
Un côté du personnage extérieur du marquis
Cette réserve aussi bien vaut pour le Montreur de poulpe
            [fâcheux attirail
Son rocher ses tables tournantes *il se sentit saisir par le pied*
Mais je passe outre plus que jamais assez du goût

Elles ne valent plus pour aujourd'hui
Les chansonnettes vont mourir de leur belle mort
Je vous engage à vous couvrir avant de sortir
Il vaudra mieux ne plus se contenter du brouet
Mijoté en mesure dans les chambres clignotantes
Pendant que la justice est rendue par trois quartiers de bœuf
Une fois pour toutes la poésie doit resurgir des ruines
Dans les atours et la gloire d'Esclarmonde
Et revendiquer bien haut la part d'Esclarmonde
Car il ne peut y avoir de paix pour l'âme d'Esclarmonde
Dans nos cœurs et meurent les mots qui ne sont de bons rivets au sabot du cheval d'Esclarmonde
Devant le précipice où l'edelweiss garde le souffle d'Esclarmonde
La vision nocturne a été quelque chose il s'agit
Maintenant de l'étendre du physique au moral
Où son empire sera sans limites
Les images m'ont plu c'était l'art
A tort décrié de brûler la chandelle par les deux bouts
Mais tout est bien plus de mèche les complicités sont autrement dramatiques et savantes
Comme on verra je viens de voir un masque esquimau
C'est une tête de renne grise sous la neige
De conception réaliste à cela près qu'entre l'oreille et l'œil droits s'embusque le chasseur minuscule et rose tel qu'il est censé apparaître à la bête dans le lointain

Mais emmanchée de cèdre et d'un métal sans alliage
La lame merveilleuse
Découpée ondée sur un dos égyptien

Dans le reflet du quatorzième siècle de notre ère
L'exprimera seule
Par une des figures animées du tarot des jours à venir
La main dans l'acte de prendre en même temps que de lâcher
Plus preste qu'au jeu de la mourre
Et de l'amour

dans les sables

Il passe des tribus de nomades qui ne lèvent pas la tête
Parmi lesquels je suis par rapport à tout ce que j'ai connu
Ils sont masqués comme des praticiens qui opèrent
Les anciens changeurs avec leurs femmes si particulières
Quant à l'expression du regard j'ai vu plusieurs d'entre elles
Avec trois siècles de retard errer aux abords de la Cité
Ou bien ce sont les lumières de la Seine
Les changeurs au moment d'écailler la dorade
S'arrêtent parce que j'ai à changer beaucoup plus qu'eux
Et les morts sont les œufs qui reviennent prendre l'empreinte du nid
Je ne suis pas comme tant de vivants qui prennent les devants pour revenir

Je suis celui qui va
On m'épargnera la croix sur ma tombe
Et l'on me tournera vers l'étoile polaire
Mais tout testament suppose une impardonnable concession
Comme si dans le chaton de la bague qui me lie à la terre
Ne résidait suprême la goutte de poison oriental
Qui m'assure de la dissolution complète avec moi
De cette terre telle que je l'ai pensée une échappée plus radicale
Sinon plus orgueilleuse que celle à quoi nous convie le divin Sade
Déléguant au gland à partir de lui héraldique
Le soin de dissimuler le lieu de son dernier séjour
Comme je me flatte dit-il
Que ma mémoire s'effacera de l'esprit des hommes
Pile ou face face la pièce nue libre de toute effigie de tout millésime
Pile
La pente insensible et pourtant irrésistible vers le mieux

Il ne me reste plus qu'à tracer sur le sol la grande figure quadrilatère
Au centre gauche l'ovale noir
Parcouru de filaments incandescents tels qu'ils apparaissent avant que la lampe ne s'éteigne
Quand on vient de couper le courant du secteur
L'homme et ses problèmes
Inscrit dans le contour ornemental d'une fleur de tabac
Puis tour à tour

Regardant chacun des côtés et disposés symétrique-
   ment par rapport aux axes
Les quatre têtes rondes d'être quatre fois bandées
Le pansement du front le loup noir le bâillon bleu
   la mentonnière jaune
Les fentes des yeux et de la bouche sont noires
En bas le passé il porte des cornes noires de taureau
   du bout desquelles plongent des plumes de corbeau
Du sommet et de la base partent les fils lilas noisette
   de certains yeux
A gauche le présent il porte des cornes blanches de
   taureau d'où retombent des plumes d'oie sauvage
Il s'avive par places de mica comme la vie au parfum
   de ton nom qui est une mantille mais celle même
   dans l'immense vibration qui exalte l'homme-soleil
   et je baisse les yeux fasciné par cette partie déclive
   de ta lèvre où continuent à poindre les rois mages
En haut l'avenir il porte des cornes jaunes de taureau
   dardant des plumes de flamant
Il est surmonté d'un éclair de paille pour la transfor-
   mation du monde
A droite l'éternel il porte des cornes bleues de taureau à
   la pointe desquelles bouclent des plumes de manucode
Un arc de brume glisse tangentiellement aux bords
   sud ouest et nord et s'ouvre sur deux éventails de
   martin-pêcheur cet arc enveloppe les trois premières
   têtes et laisse libre la quatrième gardée sur champ de
   pollen par une peau de condylure tendue au moyen
   d'épines de rosier
C'est par là qu'on entre
On entre on sort
On entre
   on ne sort pas

du rêve

Mais la lumière revient
Le plaisir de fumer
L'araignée-fée de la cendre à points bleus et rouges
N'est jamais contente de ses maisons de Mozart
La blessure guérit tout s'ingénie à se faire reconnaître
   je parle et sous ton visage tourne le cône d'ombre
   qui du fond des mers a appelé les perles
Les paupières les lèvres hument le jour
L'arène se vide
Un des oiseaux en s'envolant
N'a eu garde d'oublier la paille et le fil
A peine si un essaim a trouvé bon de patiner
La flèche part
Une étoile rien qu'une étoile perdue dans la fourrure
   de la nuit

New York, octobre 1943.

Des épingles tremblantes

LE BRISE-LAMES

Dans la lumière noyée qui baigne la savane, la statue bleutée de Joséphine de Beauharnais, perdue entre les hauts fûts de cocotiers, place la ville sous un signe féminin et tendre. Les seins jaillissent de la robe de *merveilleuse* à très haute taille et c'est le parler du Directoire qui s'attarde à rouler quelques pierres africaines pour composer le philtre de non-défense voluptueuse du balbutiement créole. C'est le Palais-Royal enseveli sous les ruines du vieux Fort-Royal (prononcez Fô-yal), le bruit des grandes batailles du monde — Marengo, Austerlitz contées galamment en trois lignes — ne pas ennuyer les dames — expire à ces genoux charmants entrouverts sous les riantes tuiles de la Pagerie.

L'INSCRIPTION BI-AILÉE

Le long des rues bruissantes, les belles enseignes polychromes déteintes épuisent toutes les variétés de caractères romantiques. L'une d'elles un moment me tient sous le charme pervers des tableaux de l'époque négativiste de René Magritte. Mais ce que je contemple de loin est d'un Magritte extrêmement nuancé — avec la réalité en voie de rupture ou de conciliation? Qu'on se représente, de la taille d'un aigle, un papillon bleu ciel sur lequel se lit en lettres blanches le mot PIGEON. Au demeurant, un naturaliste de ce nom, simplement...

FERRETS DE LA REINE NOIRE

A l'autre extrémité de l'archet, le marché aux poissons déroule ses fastes aux lueurs sidérales du diodon, du coffre et de toute la gamme, du jaune soufre au violet évêque par les plus hardies zébrures, les plus savants mouchetages, les plus capricieux glaçages, de vrais poissons-paradis ardents comme des gemmes. Ce qui confère à cette pauvre lucarne en plein ciel son trouble caractère, c'est aussi que viennent mourir à elle quelques étincelles du luxe et du feu des grandes profondeurs. Sous l'étal miroitant à l'infini, dans l'ombre s'amoncellent, gorgées de roses rouges et roses, les conques vides de lambis dans lesquelles fut sonnée la révolte noire très sanglante de 1848.

LA PROVIDENCE TOURNE

Ailleurs, à l'échelle des saveurs, les étranges fruits éveillent toutes les surprises — auxquelles se mêlent savamment quelques déceptions — de l'inéprouvé. Sous sa robe oblongue hérissée, le corossol, mi-lampion mi-feuillage, livre sa chair de sorbet neigeux ; près d'un puits le caïmite fait glisser au centre d'un automne fondant sa chaîne de pépins noirs ; sans oublier cette figue de fard violine dans laquelle il est défendu de mordre : entre le palais et la langue toutes sortes de petits diables-couvreurs tisseraient aussitôt des fils de glu et tendraient les ardoises de la pire astringence. Et ces rois du verger tropical, que Giorgio de Chirico s'est plu à immobiliser en pleine puissance auprès de la tête de Jupiter.

POUR MADAME SUZANNE CÉSAIRE

Puis les cloches de l'école essaiment aux quatre coins les petites Chabines rieuses, souvent plus claires de cheveux que de teint. On cherche, parmi les essences natives, de quel bois se chauffent ces belles chairs d'ombre prismée : cacaoyer, caféier, vanille dont les feuillages imprimés parent d'un mystère persistant le papier des sacs de café dans lequel va se blottir le désir inconnu de l'enfance. En vue de quel dosage ultime, de quel équilibre durable entre le jour et la nuit — comme on rêve de retenir la seconde exacte où, par temps très calme, le soleil en s'enfonçant dans la mer réalise le phénomène du « diamant vert » — cette recherche, au fond du creuset, de la beauté féminine ici bien plus souvent accomplie qu'ailleurs et qui ne m'est jamais apparue plus éclatante que dans un visage de cendre blanche et de braises ?

LA LANTERNE SOURDE

*A Aimé Césaire, Georges Gratiant,
René Ménil.*

Et les grandes orgues c'est la pluie comme elle tombe ici et se parfume : quelle gare pour l'arrivée en tous sens sur mille rails, pour la manœuvre sur autant de plaques tournantes de ses express de verre ! A toute heure elle charge de ses lances blanches et noires, des cuirasses volant en éclats de midi à ces armures anciennes faites des étoiles que je n'avais pas encore vues. Le grand jour de préparatifs qui peut précéder la nuit de Walpurgis au gouffre d'Absalon ! J'y suis ! Pour peu que la lumière se voile, toute l'eau du ciel pique aussitôt sa tente, d'où pendent les agrès de vertige et de l'eau encore s'égoutte à l'accorder des hauts instruments de cuivre vert. La pluie pose ses verres de lampe autour des bambous, aux bobèches de ces fleurs de vermeil agrippées aux branches par des suçoirs, autour desquelles il n'y a qu'une minute toutes les figures de la danse enseignées par deux papillons de sang. Alors tout se déploie au fond du bol à la façon des fleurs japonaises, puis une clairière s'entrouvre : l'héliotropisme y saute avec ses souliers à poulaine et ses ongles vrillés. Il prend tous les cœurs, relève d'une aigrette la sensitive et pâme la fougère dont la bouche ardente est la roue du temps. Mon œil est une violette fermée au centre de l'ellipse, à la pointe du fouet.

PORTEUSE SANS FARDEAU

Comme un esprit qui reviendrait à intervalles réguliers tant leur maintien est le même et n'appartient qu'à elles et tant elles semblent portées par le même rythme, des jeunes filles de couleur passent souvent seules et chacune est la seule à qui Baudelaire semble avoir pensé tant l'idée qu'il en donne est irremplaçable :
Avec ses vêtements ondoyants et nacrés,
Même quand elle marche on croirait qu'elle danse...
De quelle nuit sans âge et sans poids cette messagère muette dont, au défi de toutes les cariatides, la cheville et le col lancent plutôt qu'elles ne soutiennent la construction totémique qui dans l'invisible se confond — en vue de quel triomphe? — avec le rêve d'un monument aux lois de l'imprégnation?

LA CARTE DE L'ILE

La Jambette, Favorite, Trou-au-Chat, Pointe La Rose, Sémaphore de la Démarche, Pointe du Diable, Brin d'Amour, Passe du Sans-Souci, Piton Crève-Cœur, Ile du Loup-Garou, Fénelon, Espérance, Anse Marine, Grand'-Rivière, Rivière Capot, Rivière Salée, Rivière Lézard, Rivière Blanche, Rivière La Mare, Rivière Madame, Les Abîmes, Ajoupa-Bouillon, Mont de la Plaine, Morne des Pétrifications, Morne d'Orange, Morne Mirail, Morne Rouge, Morne Folie, Morne Labelle, Morne Fumée.

ANCIENNEMENT
RUE DE LA LIBERTÉ

Le grand industriel noir exhibe une serviette en peau d'iguane blanche
Dans les plaidoiries de vents chargés de fleurs
Le léger catafalque de la créole
Démesurément exhaussé d'autruches
Fait eau de tous les reflets de la savane
Pouvoir des pointes les lucioles m'ont traversé de part en part
La nuit tropicale conjugue toutes les sonneries de l'entracte
A jamais balancée de vases modern style et de parfums dans le flot de lave
Je m'assure qu'une lampe de l'ancien Saint-Pierre fonctionne encore
La vie intermittente est le crépitement d'un colibri vert
Et prête-moi ton murmure marché marin
Du comptoir de *Bien bon beau*
A *Allons nous cacher mes amis*
En compliments de l'autre siècle
Surtout races prétendues ennemies décriées
A ma faim épandez l'arbre aux mille greffes

De la souche de celui qui parle seul
Que j'ai tenu dès longtemps à réhabiliter en moi-
même
Ici les fontaines Wallace étourdies de lianes prennent
un aspect mythologique
Pour la beauté rien qu'à sa marche la reine passe sur
l'autre bord
Sa gorge du crépuscule clair des roses du Sénégal
Sa main toute jeune joue le long des grilles du palais.

Fort-de-France, mai 1941.

Xénophiles

La nuit en Haïti les fées noires successives portent à sept centimètres au-dessus des yeux les pirogues du Zambèze, les feux synchrones des mornes, les clochers surmontés d'un combat de coqs et les rêves d'éden qui s'ébrouent effrontément autour de la désintégration atomique. C'est à leurs pieds que Wilfredo Lam installe son « vêver », c'est-à-dire la merveilleuse et toujours changeante lueur tombant des vitraux invraisemblablement ouvragés de la nature tropicale sur un esprit libéré de toute influence et prédestiné à faire surgir de cette lueur les images des dieux. Dans un temps comme le nôtre, on ne sera pas surpris de voir se prodiguer, ici nanti de cornes, le loa Carrefour — Elegguà à Cuba — qui souffle sur les ailes des portes. Témoignage unique et frémissant toujours comme s'il était pesé aux balances des feuilles, envol d'aigrettes au front de l'étang où s'élabore le mythe d'aujourd'hui, l'art de Wilfredo Lam fuse de ce point où la source vitale mire l'arbre-mystère, je veux dire l'âme persévérante de la race, pour arroser d'étoiles le DEVENIR qui doit être le mieux-être humain.

Janvier 1946.

LA MOINDRE RANÇON

Au pays d'Elisa.

Toi qui ronges la plus odorante feuille de l'atlas
        Chili
Chenille du papillon-lune [1]

Toi dont toute la structure épouse
La tendre cicatrice de rupture de la lune avec la terre [2]
        Chili des neiges
Comme le drap qu'une belle rejette en se levant

Dans un éclair le temps de découvrir

  1. C'est un grand papillon vert amande finissant en clé de sol qui passe vers minuit. Je ne le connaissais pas avant de me rendre en Amérique. Il me visita peu après dans une maison située en plein bois. Sa venue et son insistance me parurent augurales.
  2. « Los geólogos han descurbierto un hecho adicional que presta una fuerte base a la hypotesis de que la cuenca del Pacifico es realmente el « agujero » dejado en la superficie de la Tierra por la separacion de su satélite. » (George Gamow : *Biografia de la Tierra*).

De toute éternité ce qui me prédestine à toi
    Chili
De la lune en septième maison dans mon thème astral

Je vois la Vénus du Sud
Naissant non plus de l'écume de la mer
Mais d'un flot d'azurite à Chuquicamata
    Chili
Des boucles d'oreilles araucanes en puits de lune

Toi qui prêtes aux femmes les plus beaux yeux de brume
Touchés d'une plume de condor
    Chili
Du *regard des Andes* on ne saurait mieux dire

Accorde l'orgue de mon cœur aux stridences des hauts voiliers de stalactites
Vers le cap Horn
    Chili
Debout sur un miroir

Et rends-moi ce qu'elle est seule à tenir
Le brin de mimosa encore frémissant dans l'ambre
        Chili des *catéadores*
Terre de mes amours

KORWAR

Tu tiens comme pas un
Tu as été pris comme tu sortais de la vie
Pour y rentrer
Je ne sais pas si c'est dans un sens ou dans l'autre que
    tu ébranles la grille du parc
Tu as relevé contre ton cœur l'herbe serpentine
Et à jamais bouclé les paradisiers du ciel rauque
Ton regard est extra-lucide
Tu es assis
Et nous aussi nous sommes assis
Le crâne encore pour quelques jours
Dans la cuvette de nos traits
Tous nos actes sont devant nous
A bout de bras
Dans la vrille de la vigne de nos petits
Tu nous la bailles belle sur l'existentialisme
Tu n'es pas piqué des vers

ULI

Pour sûr tu es un grand dieu
Je t'ai vu de mes yeux comme nul autre
Tu es encore couvert de terre et de sang tu viens de créer
Tu es un vieux paysan qui ne sait rien
Pour te remettre tu as mangé comme un cochon
Tu es couvert de taches d'homme
On voit que tu t'en es fourré jusqu'aux oreilles
Tu n'entends plus
Tu nous reluques d'un fond de coquillage
Ta création te dit haut les mains et tu menaces encore
Tu fais peur tu émerveilles

DUKDUK

Le sang ne fait qu'un tour
Quand le dukduk se déploie sur la péninsule de la
 Gazelle
Et que la jungle s'entrouvre sur cent soleils levants
Qui s'éparpillent en flamants
A toutes vapeurs de l'ordalie
Comme une locomotive de femmes nues
Au sortir d'un tunnel de sanglots
Là-haut cône
Gare

TIKI

Je t'aime à la face des mers
Rouge comme l'œuf quand il est vert
Tu me transportes dans une clairière
Douce aux mains comme une caille
Tu m'appuies sur le ventre de la femme
Comme contre un olivier de nacre
Tu me donnes l'équilibre
Tu me couches
Par rapport au fait d'avoir vécu
Avant et après
Sous mes paupières de caoutchouc

RANO RARAKU

Que c'est beau le monde
La Grèce n'a jamais existé
Ils ne passeront pas
Mon cheval trouve son picotin dans le cratère
Des hommes-oiseaux des nageurs courbes
Volèrent autour de ma tête car
C'est moi aussi
Qui suis là
Aux trois quarts enlisé
Plaisantant des ethnologues
Dans l'amicale nuit du Sud
Ils ne passeront pas
La plaine est immense
Ceux qui s'avancent sont ridicules
Les hautes images sont tombées

1948.

Ode à Charles Fourier

En ce temps-là je ne te connaissais que de vue
        Je ne sais même plus comment tu es habillé
        Dans le genre neutre sans doute on ne fait pas mieux
Mais on ne saurait trop complimenter les édiles
De t'avoir fait surgir à la proue des boulevards extérieurs
C'est ta place aux heures de fort tangage
Quand la ville se soulève
Et que de proche en proche la fureur de la mer gagne ces coteaux tout spirituels
Dont la dernière treille porte les étoiles
Ou plus souvent quand s'organise la grande battue nocturne du désir
Dans une forêt dont tous les oiseaux sont de flammes
Et aussi chaque fois qu'une pire rafale découvre à la carène
Une plaie éblouissante qui est la criée aux sirènes
Je ne pensais pas que tu étais à ton poste
Et voilà qu'un petit matin de 1937
        Tiens il y avait autour de cent ans que tu étais mort

En passant j'ai aperçu un très frais bouquet de violettes
 à tes pieds
            Il est rare qu'on fleurisse les statues à Paris
            Je ne parle pas des chienneries destinées à
             mouvoir le troupeau
Et la main qui s'est perdue vers toi d'un long sillage
 égare aussi ma mémoire
            Ce dut être une fine main gantée de femme
            On aimait s'en abriter pour regarder au
             loin
Sans trop y prendre garde aux jours qui suivirent
 j'observai que le bouquet était renouvelé
            La rosée et lui ne faisaient qu'un
Et toi rien ne t'eut fait détourner les yeux des boues
 diamantifères de la place Clichy

Fourier es-tu toujours là
Comme au temps où tu t'entêtais dans tes plis de
 bronze à faire dévier le train des baraques foraines
Depuis qu'elles ont disparu c'est toi qui es incandescent

Toi qui ne parlais que de lier vois tout s'est délié
Et sens dessus dessous on a redescendu la côte
Les lèvres entrouvertes des enfants boudant le sein
 des mères dénudées
Et ces nacres d'épaules et ces fesses gardant leur duvet
S'amalgament en un seul bloc compact et mat d'écume
 de mer
Que saute un filet de sang

Sur un autre plan
Car les images les plus vives sont les plus fugaces
            La manche du temps hume la muscade

        Et fait saillir la manchette aveuglante de la vie
Sur un autre plan
D'aucuns se prennent à choyer dans les éboulis au bord des mares
Des espèces qui paraissent en voie de s'encroûter définitivement
Mais qui les circonstances aidant ne semblent pas incapables d'une nouvelle reptation
Et passent pour nourrir volontiers leur vermine
On répugne à trancher leurs œufs sans coque
Leur frai immémorial glisse sur la peur
Tu les a connues aussi bien que moi
Mais tu ne peux savoir comme elles sont sorties lissées et goulues de l'hivernage
        Tu pensais que sur terre la création d'essai qui avait nécessité des modèles carnassiers d'ample dimension n'avait pas résisté au premier déluge alors que précisais-tu une deuxième création sur l'Ancien Continent et une troisième en Amérique avaient trouvé grâce devant un second déluge de sorte que l'homme qui en était issu pouvait attendre de pied ferme et même qu'il lui appartenait de précipiter à son avantage les créations 4, 5, etc...
Dieu de la progression pardonne-moi c'est toujours le même mobilier
On n'est pas mieux pourvu sous le rapport des *contre-moules* antirat et antipunaise
Par ma foi les grands hagards de la faune préhistorique

Ne sont pas si loin ils gouvernent la conception de l'univers
Et prêtent leur peau halitueuse aux ouvrages des hommes
Pour savoir comme aujourd'hui le commun des mortels prend son sort
Tâche de surprendre le regard du lamantin
Qui se prélasse au zoo dans sa baignoire d'eau tiède
Il t'en dira long sur la vigueur des idéaux
Et te donnera la mesure de l'effort qui a été fourni
Dans la voie de l'*industrie attrayante*
Par la même occasion
Tu ne manqueras pas de t'enquérir des charognards
Et tu verras s'ils ont perdu de leur superbe
    Le rideau jumeau soulevé
Tu seras admis à contempler dans son sacre
Une main de sang empreinte à l'endroit du cœur sur son tablier impeccable le boucher-soleil
Se donnant le ballet de ses crochets nickelés
Pendant que les cynocéphales de l'épicerie
Comblés d'égards en ces jours de disette et de marché noir
A ton approche feront miroiter leur côté luxueux
Parmi les mesures que tu préconisais pour rétablir l'équilibre de population
(Nombre de consommateurs proportionné aux forces productives)
Il est clair qu'on ne s'en est pas remis au *régime gastrosophique*
Dont l'établissement devait aller de pair avec la légalisation des *mœurs phanérogames*
On a préféré la bonne vieille méthode

Qui consiste à pratiquer des coupes sombres dans la multitude fantôme
Sous l'anesthésique à toute épreuve des drapeaux

Fourier il est par trop sombre de les voir émerger d'un des pires cloaques de l'histoire
Epris du dédale qui y ramène
Impatients de recommencer pour mieux sauter

       Sur la brèche
       Au premier défaut du cyclone
       Savoir *qui* reste la lampe au chapeau
       La main ferme à la rampe du wagonnet suspendu
       Lancé dans le poussier sublime

       Comme toi Fourier
       Toi tout debout parmi les grands visionnaires
       Qui crus avoir raison de la routine et du malheur
       Ou encore comme toi dans la pose immortelle
       Du Tireur d'épine

       On a beau dire que tu t'es fait de graves illusions
       Sur les chances de résoudre le litige à l'amiable
       A toi le roseau d'Orphée

D'autres vinrent qui n'étaient plus armés seulement
   de persuasion
Ils menaient le bélier qui allait grandir
Jusqu'à pouvoir se retourner de l'orient à l'occident
Et si la violence nichait entre ses cornes
Tout le printemps s'ouvrait au fond de ses yeux

>   Tour à tour l'existence de cette bête
>   fabuleuse m'exalte et me trouble
>   Quand elle a donné de la tête le monde a
>   tremblé il y a eu d'immenses clairières
>   Qui par places ont été reprises de brousse
>   Maintenant elle saigne et elle paît

>   Je ne vois pas le *pâtre omnitone* qui devrait
>   en avoir la garde
>   Pourvu qu'elle reste assez vaillante pour
>   aller au bout de son exploit
>   On tremble qu'elle ne se soit contaminée
>   dès longtemps près des marais
>   Sous la superbe Toison si sournoisement
>   allaient s'élaborer des poisons

Le drame est qu'on ne peut répondre de ces êtres de
   très grandes proportions qu'il advient au génie de
   mettre en marche et qui livrés à leurs propres
   ressources n'ont que trop tendance à s'orienter vers
   le néfaste à plus forte raison si le recours à un néfaste
   partiel et envisagé comme transitoire à l'effet même
   de réduire dans la suite le néfaste entre dans les
   intentions dont ils sont pétris

Sans prix

A mes yeux et toujours exemplaire reste le premier bond accompli dans le sens de l'ajustement de structure

Et pourtant quelle erreur d'aiguillage a pu être commise rien n'annonce le règne de l'*harmonie*

Non seulement Crésus et Lucullus

Que tu appelais à rivaliser aux *sous-groupes des tentes de la renoncule*

Ont toujours contre eux Spartacus

Mais en regardant d'arrière en avant on a l'impression que les *parcours de bonheur* sont de plus en plus clairsemés

Indigence fourberie oppression carnage ce sont toujours les mêmes maux dont tu as marqué la civilisation au fer rouge

Fourier on s'est moqué mais il faudra bien qu'on tâte un jour bon gré mal gré de ton remède

Quitte à faire subir à l'ordonnance de ta main telles corrections d'angle

A commencer par la réparation d'honneur

Due au peuple juif

Et laissant hors de débat que sans distinction de confession la libre rapine parée du nom de commerce ne saurait être réhabilitée

Roi de passion une erreur d'optique n'est pas pour altérer la netteté ou réduire l'envergure de ton regard

Le calendrier à ton mur a pris toutes les couleurs du spectre

Je sais comme sans arrière-pensée tu aimerais

Tout ce qu'il y a de nouveau

Dans l'eau

Qui passe sous le pont

Mais pour mettre ordre à ces dernières acquisitions
et qui sait par impossible se les rendre propices
Ton vieux bahut en cœur de chêne est toujours bon
Tout tient sinon se plaît dans ses douze tiroirs

I. ÉTAT DES RESSORTS SENSUELS

1º Le tact :

a) *sur le plan des faits tangibles* — hiver d'une rigueur jusqu'alors inconnue en Europe (destruction des foyers, pénurie de vêtements, abaissement calorique dû à la sous-alimentation), b) *dans le domaine des idées* — « expliquer c'est identifier » (tu l'avais mieux dit) mais expliquer = rechercher la vraie réalité. Or, plus on traque de près cette réalité, plus elle se dérobe. L'école : « L'effort réaliste en quête de l'authentique nature physique aboutit en fin de compte à un immatérialisme. »

2º La vue :

a) *vers l'extérieur* — elle est déchirée de toutes parts (les camps de concentration, les bombardements massifs l'ont tenue à l'extrême limite du supportable);

b) *vers l'intérieur* — elle venait de se découvrir tout un nouveau continent dont l'exploration se poursuivra (grands repères déjà pris en psychopathie et en art).

3º L'OUÏE :

obstruée systématiquement par le caquetage le plus éhonté et le plus nocif de tous les temps (radiophonie). La note poétique en plein discord poste du mont Everest.

4º LE GOÛT :

a) *langue et palais* — rétrogradation de la *gastronomie cabalistique* au-delà de l'enfance de la terre par retrait pur et simple de tous les comestibles qui n'étaient pas réservés au bétail. Premier accès de convoitise à l'apparition de la conserve américaine qui sauvegarde du moins la belle apparence du petit pois; b) *au sens de discernement du beau* — passons.

5º L'ODORAT :
On n'a pas surpassé les parfums de Paris.

II. ÉTAT DES RESSORTS AFFECTEUX

6º L'AMITIÉ :

En croissante et presque complète aliénation d'elle-même. Une des malédictions d'aujourd'hui : qu'aux plus rares affinités, aux accords initiaux les plus vastes sur lesquels se fonde l'amitié entre deux êtres succède au moindre frottement comme par renversement de signe un antagonisme sans appel qui les porte aux mouvements les plus contradictoires et dans les cas de plus vive rancœur va jusqu'à fausser le témoignage de leur vie (maladie à étudier : elle affecte d'autant plus la collectivité qu'elle frappe de préférence des individus placés en vedette).

7° L'amour :

Je ne m'explique pas ce qui t'a fait occulter ici le Grand Brillant et nous tendre une perle baroque mais l'*attraction passionnée* ou *révélation sociale permanente* n'en est pas moins la projection enthousiaste de ce Brillant dans toutes les autres sphères. Vérité embryonnaire en philosophie moderne : « Celui qui n'aime que l'humanité n'aime pas mais bien celui qui aime tel être humain déterminé » (c'est au plus haut période de l'amour électif pour tel être que s'ouvrent toutes grandes les écluses de l'amour pour l'humanité non certes telle qu'elle est mais telle qu'on se prend à vouloir activement qu'elle *devienne*). Accorder sans autre chicane au même auteur que « c'est dans le fait d'être soi-même de la façon la plus décisive que prend racine notre amour le plus pur pour la nature ».

8° L'ambition :

Babiolisme — la tombola infernale de la guerre a eu pour effet dérisoire de combler les adultes des satisfactions que tu proposais d'accorder à un *enfant de trois ans, haut lutin — il aurait déjà pour le moins une vingtaine de dignités et décorations, comme celles de :*
Licencié au groupe des allumettes,
Bachelier au groupe d'égoussage,
Néophyte au groupe du réséda, etc..., etc...

avec ornements distinctifs de toutes ces fonctions (certaines prétentions non moins puériles mais plus inquiétantes n'impliquant pas aujourd'hui le port extérieur de rubans).

9º LA FAMILLE :

Lieu actuel de culmination du système deux poids deux mesures : fils à papa et enfants perdus. Dans l'œil vacillant du serf l'aplomb du château féodal. La famille ressort d'aparté, de piétinement, d'égoïsme, de vanité, de division, d'hypocrisie et de mensonge tel que le sanctionne le scandale persistant et sans égal de l'héritage.

III. ÉTAT DES PASSIONS MÉCANISANTES

10º LA CABALISTE :

Vient d'être assujettie en masse aux cadres les plus contraires à sa raison d'être, aussi désadaptée que possible du besoin de *consommation*, de *préparation* et de *production* qui peut la motiver. L'esprit du lendemain ne hasarde pas plus de trois poils de moustache hors du terrier. Maigre feu d'artifice. Haute feuille d'acanthe de l'ornière.

11º LA COMPOSITE :

A peine moins rétive à se reconnaître. Encore sous le coup de l'invitation peu déclinable à penser sur commande, tout au moins à se mouvoir par rangs arbitraires, aux creux impalpables. Tout à retrouver, à rapporter au réseau de la solidarité humaine.

12º LA PAPILLONNE :
Cri du sphinx Atropos. Travail à la chaîne.

∽

Fourier qu'a-t-on fait de ton clavier
Qui répondait à tout par un accord
Réglant au cours des étoiles jusqu'au grand écart du plus fier trois-mâts depuis les entrechats de la plus petite barque sur la mer
Tu as embrassé l'unité tu l'as montrée non comme perdue mais comme intégralement réalisable
Et si tu as nommé « Dieu » ç'a été pour inférer que ce dieu tombait sous le sens *(Son corps est le feu)*
Mais ce qui me débuche à jamais la pensée socialiste
C'est que tu aies éprouvé le besoin de *différencier au moins en quadruple forme la virgule*
Et de faire passer la clé de sol de seconde en première ligne dans la notation musicale
Parce que c'est le monde entier qui doit être non seulement retourné mais de toutes parts aiguillonné dans ses conventions
Qu'il n'est pas une manette à quoi se fier une fois pour toutes
Comme pas un lieu commun dogmatique qui ne chancelle devant le doute et l'exigence ingénus

Parce que le « *Voile d'airain* » a survécu à l'accroc que tu lui as fait
Qu'il couvre de plus belle la *cécité scientifique*
« Personne n'a jamais vu de molécule, ni d'atome, ni

de lien atomique et sans doute ne les verra jamais »
(Philosophe). Prompt démenti : entre en se dandi-
nant la molécule du caoutchouc
Un savant bien que muni de lunettes noires perd la
vue pour avoir assisté à plusieurs milles de distance
aux premiers essais de la bombe atomique (Les
journaux)

        Fourier je te salue du Grand Canon du
           Colorado
        Je vois l'aigle qui s'échappe de ta tête
        Il tient dans ses serres le mouton de
           Panurge
        Et le vent du souvenir et de l'avenir
        Dans les plumes de ses ailes fait passer les
           visages de mes amis
        Parmi lesquels nombreux ceux qui n'ont
           plus ou n'ont pas encore de visage

Parce que persistent on ne peut plus vainement à
s'opposer les rétrogrades conscients et tant d'apôtres
du progrès social en fait farouchement *immobilistes*
que tu mettais dans le même sac
        Je te salue de la Forêt Pétrifiée de la
           culture humaine
        Où plus rien n'est debout
        Mais où rôdent de grandes lueurs tour-
           noyantes
        Qui appellent la délivrance du feuillage
           et de l'oiseau
        De tes doigts part la sève des arbres en
           fleurs

Parce que disposant de la pierre philosophale
Tu n'as écouté que ton premier mouvement qui était de la tendre aux hommes
Mais entre eux et toi nul intercesseur
Pas un jour qu'avec confiance tu ne l'attendisses pendant une heure dans les jardins du Palais-Royal
Les attractions sont proportionnelles aux destinées
En foi de quoi je viens aujourd'hui vers toi

> Je te salue du Névada des chercheurs d'or
> De la terre promise et tenue
> A la terre en veine de promesses plus hautes qu'elle doit tenir encore
> Du fond de la mine d'azurite qui mire le plus beau ciel
> Pour toujours par delà cette enseigne de bar qui continue à battre la rue d'une ville morte — Virginia-City — « Au vieux baquet de sang »

Parce que se perd de plus en plus le sens de la fête
Que les plus vertigineux autostrades ne laissent pas de nous faire regretter ton *trottoir à zèbres*
Que l'Europe prête à voler en poudre n'a trouvé rien de plus expédient que de prendre des mesures de défense contre les confetti
Et que parmi les exercices chorégraphiques que tu suggérais de multiplier
Il serait peut-être temps d'omettre *ceux du fusil et de l'encensoir*

> Je te salue de l'instant où viennent de prendre fin les danses indiennes
> Au cœur de l'orage
> Et les participants se groupent en amande autour des brasiers à la prenante odeur de pin-pignon contre la pluie bien aimée
> Une amande qui est une opale
> Exaltant au possible ses feux rouges dans la nuit

Parce que tu as compris que l'état *surcomposé* ou *supra-mondain* de l'âme (qu'il ne s'agit plus de reporter à l'autre monde mais de promouvoir dans celui-ci) devait entretenir des relations plus étroites avec l'état *simple* ou *infra-mondain*, le sommeil, qu'avec l'état *composé* ou *mondain*, la veille, qui leur est intermédiaire

> Je te salue de la croisée des chemins en signe de preuve et de la trajectoire toujours en puissance de cette flèche précieusement recueillie à mes pieds : « Il n'y a pas de séparation, d'hétérogénéité entre le surnaturel et le naturel (le réel et le surréel). Aucun hiatus. C'est un « continuum », on croit entendre André Breton : c'est un ethnographe qui nous parle au nom des Indiens Soulteaux »

Parce que si le serpent à sonnettes était une de tes bêtes noires du moins tu n'as pas douté que les passions sans en excepter celles que la morale fait

passer pour les plus indignes égarements de l'esprit
et des sens constituent un cryptogramme indivisible
que l'homme est appelé à déchiffrer
Et que tenant pour hors de question que la nature et
l'âme humaine répondent au même modèle
Dare-dare tu t'es mis en quête de repères dans le potager

> Je te salue du bas de l'échelle qui plonge
> en grand mystère dans la *kiwa* hopi
> la chambre souterraine et sacrée ce
> 22 août 1945 à Mishongnovi à l'heure
> où les serpents d'un nœud ultime
> marquent qu'ils sont prêts à opérer
> leur conjonction avec la bouche humaine
> Du fond du pacte millénaire qui dans
> l'angoisse a pour objet de maintenir
> l'intégrité du verbe
> Des plus lointaines ondes de l'écho
> qu'éveille le pied frappant impérieuse-
> ment le sol pour sceller l'alliance avec
> les puissances qui font lever la graine

Fourier tranchant sur la grisaille des idées et des
aspirations d'aujourd'hui ta lumière
Filtrant la soif de mieux-être et la maintenant à
l'abri de tout ce qui pourrait la rendre moins pure
quand bien même et c'est le cas je tiendrais pour
avéré que l'amélioration du sort humain ne s'opère
que très lentement par à coups au prix de revendi-
cations terre à terre et de froids calculs le vrai
levier n'en demeure pas moins la croyance irraisonn-
née à l'acheminement vers un futur édénique et
après tout c'est elle aussi le seul levain des généra-
tions ta jeunesse

« *Si la série des cerisistes est en nombreuse réunion à son grand verger, à un quart de lieue du phalanstère, il convient que, dans la séance de quatre à six heures du soir, elle voie se réunir avec elle et à son voisinage ;*

1º *Une cohorte de la phalange voisine et des deux sexes, venue pour aider aux cerisistes ;*

2º *Un groupe de dames fleuristes du canton, venant cultiver une ligne de cent toises de Mauves et Dahlias qui forment perspective pour la route voisine, et bordure en équerre pour un champ de légumes contigu au verger ;*

3º *Un groupe de la Série des légumistes, venu pour cultiver les légumes de ce champ ;*

4º *Un groupe de la Série des mille fleurs, venu pour la culture d'un autel de secte, placé entre le champ de légumes et le verger de cerisiers ;*

5º *Un groupe de jouvencelles fraisistes, arrivant à la fin de la séance, et sortant de cultiver une clairière garnie de fraisiers dans la forêt voisine ;*

A cinq heures trois quarts, des fourgons suspendus partis du phalanstère amènent le goûté pour tous ces groupes : il est servi dans le castel des cerisistes, de cinq heures trois quarts à six un quart, ensuite les groupes se dispersent après

> *avoir formé des liens amicaux et négocié des réunions industrielles ou autres pour les jours suivants* »

Pointant sur champ d'étoiles la main hardiment portée vers la ruche où la reine Herschel rassemble ses satellites connus et non encore découverts en haine irréductible de la frustration en tous genres qui découvre à la honte des sociétés les plus arrogantes le visage noirci d'un enfant près d'un four d'usine et s'abîme dans la douceur des coups frappés par l'horloge de Pol de Limbourg ton tact suprême dans la démesure

Au grand scandale des uns sous l'œil à peine moins sévère des autres soulevant son poids d'ailes ta liberté

Oubliés

ÉCOUTE AU COQUILLAGE

Je n'avais pas commencé à te voir tu étais AUBE

Rien n'était dévoilé
Toutes les barques se berçaient sur le rivage
Dénouant les faveurs (tu sais) de ces boîtes de dragées
Roses et blanches entre lesquelles ambule une navette d'argent
Et moi je t'ai nommée Aube en tremblant

Dix ans après
Je te retrouve dans la fleur tropicale
Qui s'ouvre à minuit
Un seul cristal de neige qui déborderait la coupe de tes deux mains
On l'appelle à la Martinique la *fleur du bal*
Elle et toi vous vous partagez le mystère de l'existence
Le premier grain de rosée devançant de loin tous les autres follement irisé contenant tout

Je vois ce qui m'est caché à tout jamais
Quand tu dors dans la clairière de ton bras sous les papillons de tes cheveux

Et quand tu renais du phénix de ta source
Dans la menthe de la mémoire
De la moire énigmatique de la ressemblance dans un miroir sans fond
Tirant l'épingle de ce qu'on ne verra qu'une fois

Dans mon cœur toutes les ailes du milkweed
Frètent ce que tu me dis

Tu portes une robe d'été que tu ne te connais pas
Presque immatérielle elle est constellée en tous sens d'aimants en fer à cheval d'un beau rouge minium à pieds bleus

Sur mer, 1946.

JE REVIENS

Mais enfin où sommes-nous
Je lustre de deux doigts le poil de la vitre
Un griffon de transparence passe la tête
Au travers je ne reconnais pas le quartier
Le soir tombe il est clair que nous allons depuis longtemps à l'aventure
Doucement doucement voyons
Et moi je vous dis qu'il y avait une plaque là à gauche

Rue quoi *Rue-où-peut-être-donné-le-droit-à-la-bonne-chère*
Et dix-sept cents francs au compteur c'est insensé
Qu'attendez-vous pour consulter votre plan nom de Dieu
Mais le chauffeur semble sortir d'un rêve
La tête tournée à droite il lit à haute voix
Rue-des-chères-bonnes-âmes
Eh bien
Ça ne lui fait ni chaud ni froid
Bien mieux il parle de reprendre la course
Il a déjà la main sur son drapeau
Où allions-nous j'ai oublié

Nous entrons dans un tabac vermoulu
Il faut écarter d'épais rideaux de gaze grise
Comme les bayahondes d'Haïti
Au comptoir une femme nue ailée
Verse le sang dans des verres d'éclipse
Les étiquettes des bouteilles portent les mots Libres Pêcheurs Gondine on dirait de l'eau-de-vie de Dantzig Evita de Martines
Et les boîtes de cigares flamboient d'images d'échauffourées
La merveille au mur est un éventail à soupiraux
Madame sommes-nous encore loin de Chorhyménée
Mais la belle au buisson ardent se mire dans ses ongles
Des joueurs au fond de la pièce abattent des falaises de vitraux
Nous rebroussons

La route est bordée de maisons toutes en construction
Dont pointe le pistil et se déploient en lampe à arc les étamines

SUR LA ROUTE DE SAN ROMANO

La poésie se fait dans un lit comme l'amour
Ses draps défaits sont l'aurore des choses
La poésie se fait dans les bois

Elle a l'espace qu'il lui faut
Pas celui-ci mais l'autre que conditionnent

        L'œil du milan
        La rosée sur une prèle
        Le souvenir d'une bouteille de Traminer
           embuée sur un plateau d'argent
        Une haute verge de tourmaline sur la mer
        Et la route de l'aventure mentale
        Qui monte à pic
        Une halte elle s'embroussaille aussitôt

Cela ne se crie pas sur les toits
Il est inconvenant de laisser la porte ouverte
Ou d'appeler des témoins

           Les bancs de poissons les haies de mésanges
           Les rails à l'entrée d'une grande gare

>   Les reflets des deux rives
>   Les sillons dans le pain
>   Les bulles du ruisseau
>   Les jours du calendrier
>   Le millepertuis

L'acte d'amour et l'acte de poésie
Sont incompatibles
Avec la lecture du journal à haute voix

>   Le sens du rayon de soleil
>   La lueur bleue qui relie les coups de hache du bûcheron
>   Le fil du cerf-volant en forme de cœur ou de nasse
>   Le battement en mesure de la queue des castors
>   La diligence de l'éclair
>   Le jet de dragées du haut des vieilles marches
>   L'avalanche

La chambre aux prestiges
Non messieurs ce n'est pas la huitième Chambre
Ni les vapeurs de la chambrée un dimanche soir

>   Les figures de danse exécutées en transparence au-dessus des mares
>   La délimitation contre un mur d'un corps de femme au lancer de poignards
>   Les volutes claires de la fumée
>   Les boucles de tes cheveux
>   La courbe de l'éponge des Philippines

        Les lacés du serpent corail
        L'entrée du lierre dans les ruines
        Elle a tout le temps devant elle

L'étreinte poétique comme l'étreinte de chair
Tant qu'elle dure
Défend toute échappée sur la misère du monde

1948.

Constellations

L'ensemble des vingt-deux planches réunies sous le titre Constellations *et qui, dans l'œuvre de Miró, s'échelonnent entre les dates du 21 janvier 1940 et du 12 septembre 1941, constitue une série au sens le plus privilégié du terme. Il s'agit, en effet, d'une succession délibérée d'œuvres de même format, empruntant les mêmes moyens matériels d'exécution. Elles participent et diffèrent l'une de l'autre à la façon des corps de la série aromatique ou cyclique de la chimie; considérées à la fois dans leur progression et leur totalité, chacune d'elles y prend aussi la nécessité et la valeur de chaque composante de la série mathématique; enfin le sentiment d'une réussite ininterrompue, exemplaire, quelles nous procurent, garde ici, au mot série, l'acception qu'il prend dans les jeux d'adresse et de hasard.*

LE LEVER DU SOLEIL

Il était dit que le jeu de mains devait mal finir. C'en est fait, une bonne fois le canut et le gnaf ont réglé leur compte; on en est quitte pour une tourbe à ne pas démêler la soie du chégros. Voilà pour le spectacle extérieur : il a pris fin sur les hauts cris du petit monde que les mères entraînent et rassurent. Mais l'enfant décidément oublié à son banc bien après l'heure est seul à pouvoir montrer, dans le gland du rideau qu'attisent les spasmes de la veilleuse, la patte héraldique haut levée du tout jeune lion qui s'avance et qui joue.

L'ÉCHELLE DE L'ÉVASION

　Tout est encore froncé comme un bouton de coquelicot mais l'air baîlle de chausse-trapes. Il n'est que de mettre le nez dehors pour évoluer entre des boîtes à surprise de toutes tailles d'où ne demande qu'à jaillir de son corps d'annelé la tête de Pierre-le-Hérissé devenu adulte épandant sa barbe de braise. Nantis au grand complet de leur attirail, les ramoneurs échangent leurs plus longs « Ooooh-Ooooh » par le tuyau de la cheminée.

PERSONNAGES DANS LA NUIT
GUIDÉS PAR LES TRACES
PHOSPHORESCENTES DES ESCARGOTS

Rares sont ceux qui ont éprouvé le besoin d'une aide semblable en plein jour, — ce plein jour où le commun des mortels a l'aimable prétention de voir clair. Ils s'appellent Gérard, Xavier, Arthur... ceux qui ont su qu'au regard de ce qui serait à atteindre les chemins tracés, si fiers de leurs poteaux indicateurs et ne laissant rien à désirer sous le rapport du bien tangible appui du pied, ne mènent strictement nulle part. Je dis que les autres, qui se flattent d'avoir les yeux grands ouverts, sont à leur insu perdus dans un bois. A l'éveil, le tout serait de refuser à la fallacieuse clarté le sacrifice de cette lueur de labradorite qui nous dérobe trop vite et si vainement les prémonitions et les incitations du rêve de la nuit quand elle est tout ce que nous avons en propre pour nous diriger sans coup férir dans le dédale de la rue.

FEMMES SUR LA PLAGE

Le sable dit au liège : « Comme le lit de sa plus belle nuit je moule ses formes qui suspendent en leur centre la navette de la mer. Je la flatte comme un chat, à la démembrer vers tous ses pôles. Je la tourne vers l'ambre, d'où fusent en tous sens les Broadways électriques. Je la prends comme la balle au bond, je l'étends sur un fil, j'évapore jusqu'à la dernière bulle ses lingeries et, de ses membres jetés, je lui fais faire la roue de la seule ivresse d'être. » Et le liège dit au sable : « Je suis la palette de son grain, je creuse le même vertige à la caresse. Je l'abîme et je la sublime, ainsi les yeux mi-clos jusqu'à l'effigie de la déité immémoriale au long du sillage des pierres levées et je vaux ce que pour son amant, la première fois qu'elle s'abandonne, elle pèse dans ses bras. »

FEMME A LA BLONDE AISSELLE
COIFFANT SA CHEVELURE
A LA LUEUR DES ÉTOILES

Qu'y a-t-il entre cette cavité sans profondeur tant la pente en est douce à croire que c'est sur elle que s'est moulé le baiser, qu'y a-t-il entre elle et cette savane déroulant imperturbablement au-dessus de nous ses sphères de lucioles? Qui sait, peut-être le reflet des ramures du cerf dans l'eau troublée qu'il va boire parmi les tournoiements en nappes du pollen et l'amant luge tout doucement vers l'extase. Que sous le pouvoir du peigne cette masse fluide, mûrement brassée de sarrasin et d'avoine, tout au long épinglée de décharges électriques, n'est pas plus confondant dans sa chute le torrent qui bondit couleur de rouille à chaque détour du parc du château de Fougères aux treize tours par la grâce du geste qui découvre et recouvre le nid sournoisement tramé des vrilles de la clématite.

L'ÉTOILE MATINALE

Elle dit au berger : « Approche. C'est moi qui t'attirais enfant vers ces caves profondes où la mer en se retirant gare les œufs des tempêtes que lustre le varech, aux myriades de paupières baissées. Seulement à la lumière frisante, comme on met la main sur les superbes fossiles au long de la route qui se cherche dans la montagne dynamitée, tu brûlais de voir jaillir l'arête d'un coffre de très ancien ouvrage qui contînt (ce n'est même pas la peine de le forcer) tout ce qui peut ruisseler d'aveuglant au monde. Je te le donne *parce que c'est toi* comme chaque jour pour que tes sillons grisollent et que, plus flattée qu'aucune, ta compagne sourie en te retrouvant. »

PERSONNAGE BLESSÉ

L'homme tourne toute la vie autour d'un petit bois cadenassé dont il ne distingue que les fûts noirs d'où s'élève une vapeur rose. Les souvenirs de l'enfance lui font à la dérobée croiser la vieille femme que la toute première fois il en a vu sortir avec un très mince fagot d'épines incandescentes. (Il avait été fasciné en même temps qu'il s'était entendu crier, puis ses larmes par enchantement s'étaient taries au scintillement du bandeau de lin qu'aujourd'hui il retrouve dénoué dans le ciel.) Cette lointaine initiation le penche malgré lui sur le fil des poignards et lui fait obsessionnellement caresser cette balle d'argent que le comte Potocki passe pour avoir polie des saisons durant à dessein de se la loger dans la tête. Sans savoir comment il a bien pu y pénétrer, à tout moment l'homme peut s'éveiller à l'intérieur du bois en douce chute libre d'ascenseur au Palais des Mirages entre les arbres éclairés du dedans dont vainement il tentera d'écarter de lui une feuille cramoisie.

FEMME ET OISEAU

Le chat rêve et ronronne dans la lutherie brune. Il scrute le fond de l'ébène et de biais lape à distance le tout vif acajou. C'est l'heure où le sphinx de la garance détend par milliers sa trompe autour de la fontaine de Vaucluse et où partout la femme n'est plus qu'un calice débordant de voyelles en liaison avec le magnolia illimitable de la nuit.

FEMME DANS LA NUIT

A dix heures du soir toutes les femmes en une courent au rendez-vous en rase campagne, sur mer, dans les villes. C'est elle qui fait la vole des cartons de la fête et des tamis de rosée dans les bois. Pardessus les toits la reine des cormorans, le point de guêpe au niveau du sablier, fait tinter de son bec le sac des présages fermé giclant entre les promesses. « Mir Bernat, dit Sifre adossé au rempart de Carcassonne, d'une dame j'ai la moitié, mais je n'ai pas bien pu décider s'il me vaut mieux le bas ou le haut. » Rien ne résonne encore plus loin dans les folies, les gares, les hôtels. Une vie protoplasmique profuse se taille dans la Voie lactée, à hauteur de soupir, une amande qui germe. Du ciel de la journée reste un nid d'accenteur.

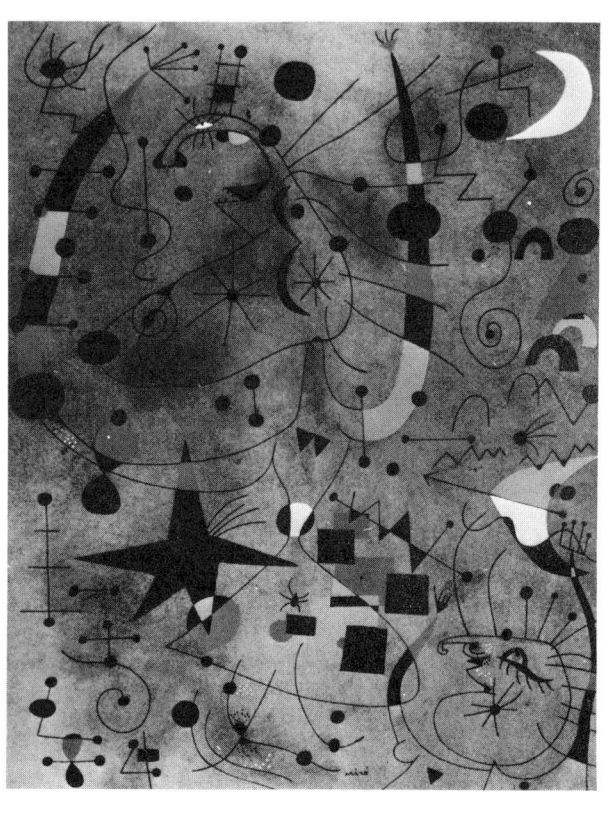

DANSEUSES ACROBATES

Parlez-moi de ces femmes dont la double huppe de coq de roche déploie à volonté l'arc semi-circulaire qui relie leurs narines à leurs talons, leur nuque à leur pubis et qui dans un bruit sourd toujours déchirant choisissent de s'abîmer en étoile à même la terre. L'écuyère dérive sur son patin de soie, c'est la plume au vent et son cheval n'a laissé qu'un fer étincelant dans le ciel. Corsetée de mousse, en maillot de lumière, l'exquise Marie Spelterini s'avance sur un fil au-dessus du Niagara. Rien non plus en esprit ne se gouvernera sans le trait d'éperdu à l'expiration duquel le plus haut période d'assouplissement commande l'abandon au radar qui aiguille infailliblement les rencontres et, le doute au rebut, de tropisme en giration, doit toujours permettre de *ressaisir par la main.*

LE CHANT DU ROSSIGNOL A MINUIT
ET LA PLUIE MATINALE

La clé de sol enjambe la lune. Le criocère sertit la pointe de l'épée du sacre. Un voilier porté par les alizés s'ouvre une passe dans les bois. Et les douze gouttes du philtre s'extravasent en un flot de sève qui emparadise les cœurs et feint de dégager cette merveille (on ne peut que l'entrevoir) qui, du côté bonheur, ferait contrepoids au sanglot. Les chères vieilles croches tout embrasées reposent le couvercle de leur marmite.

LE 13 L'ÉCHELLE
A FRÔLÉ LE FIRMAMENT

Celle qu'aima l'Amour, on sait que, pour avoir voulu le voir en l'éclairant d'une lampe alors qu'il dormait, elle le mit en fuite en lui laissant tomber sur la main une goutte d'huile enflammée. Il lui est dit qu'elle ne le retrouvera que tout en haut de la Tour dont l'escalier commence comme celui de l'Hôtel de la Reine Blanche à Paris mais se rompt et se hérisse de toujours plus d'obstacles en s'élevant labyrinthe vertical en coupe de murex tombé en ruines. On la voit sans souffle atteindre le sommet, sa gaze plus lacérée et plus lucide qu'une nuit d'été. Hélas, le dieu n'y est pas et les tentations d'en bas, innombrables joueuses de tympanon à tête de courtilière, y vont de leur ronde pour lui pomper le cœur : chérie, c'en sera fait, tu ne sentiras plus rien. C'est alors, mais seulement alors, que dans l'inouï s'assure et à toute volée retentit la voix de la Tour : « Les yeux fermés redescends par où tu es venue. Tu ne t'arrêteras pas au niveau du sol. C'est quand à nouveau tu seras parvenue ici *en reflet* que te sera révélé l'équilibre des forces et que tu poseras le doigt sur le coffret de parfums. »

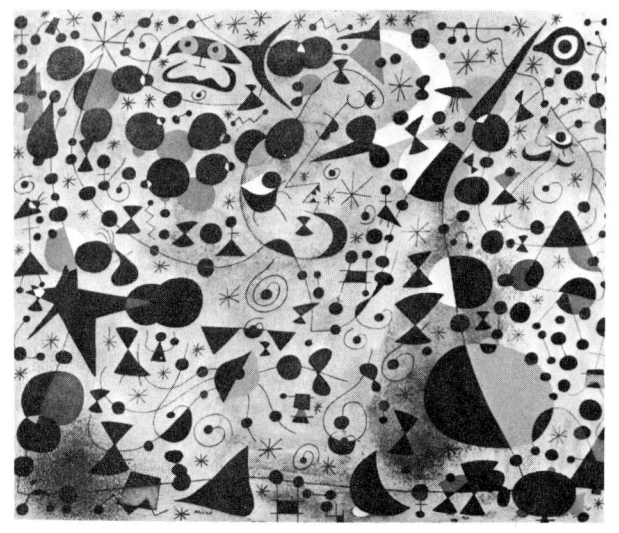

LA POÉTESSE

La Belle Cordière de nos jours retrouve sa mission, qui est de faire grésiller le sel de la terre. Elle mire l'instant où le soleil doit devenir « noir comme un sac fait de poil » et le vent joncher la terre de figues vertes. C'est, il semble, amorcé, quoique la lune persiste à répandre l'odeur de seringa. Les jeux de l'amour et de la mort se poursuivent sous le péristyle dans des détonations d'armes à feu. Des taillis où couve une chanson ensorcelante perce par éclairs et ondule la pointe du sein de la belladone. Lamiel, le tison aux doigts, s'apprête à incendier le Palais de Justice.

LE RÉVEIL AU PETIT JOUR

A tire-d'aile s'éloigne le bonnet de la meunière et voilà qu'il survole le clocher, repoussant les cerfs-volants de la nuit, comme les autres en forme de cœurs et de cages. La charrue à tête d'alouette le contemple de l'herbe grasse. Au diapason de tout ce qui s'étire au-dehors, une dernière flamme se cambre au centre du lit frais défait. En contrepoint, dans le murmure qui s'amplifie s'essore une barcarolle dont jaillit tintinnabulant notre grand ami Obéron, qui règne sur le cresson de fontaine. Chut! Sans plus bouger il nous convie à entendre le beau Huon frapper à la fois aux Cent Portes. En effet le cor magique brame en chandelier dans le lointain. Le sang coulera mais il ne sera pas dit que le Chevalier manque à nous rapporter les quatre molaires et les moustaches au prix desquelles est Esclarmonde et s'accomplit le sacrifice quotidien.

VERS L'ARC-EN-CIEL

« 22, 23, 24... » D'un froment plus fondant que la neige la rose monstre du saut à la corde s'évase dans la chère cour grise quitte enfin de ses fenêtres piaillantes. D'entre les volutes de la fleur sableuse s'élance un cœur d'enfant toujours plus haut jusqu'à se détacher en diabolo vers le fuchsia de la mansarde. « 38, 39, 40... » Le leurre passe avec la muleta du sang qui bout et, dans l'éblouissant, la manche de vers luisants seule fuse de la garde insensible à force de prestesse. Tandis que, du chaudron immémorial d'où sa chevelure se soulève par saccades à flots d'ailes de corbeau, s'exhale le haut fumet des esquives et des feintes, Concha épelle jusques et y compris le mot défaillir l'alphabet de l'amour.

FEMMES ENCERCLÉES
PAR LE VOL D'UN OISEAU

« Il est sur mon talon, il en veut à chacune de mes boucles, il me traite comme un violon qu'on accorde, il m'oublie dans son labyrinthe où tourne l'agate œillée! — Où ai-je déjà vu cette plume en fronde de capillaire filer vermeille dans l'éclair d'un fleuret? — Tous les soirs que fait l'engoulevent, il regagne, moi en croupe, son poste d'aiguilleur, d'où il a la haute main sur les cônes, trompes, lanternes, balises, pavillons et flammes. »

FEMMES AU BORD D'UN LAC
A LA SURFACE IRISÉE
PAR LE PASSAGE D'UN CYGNE

Leur rêverie se veloute de la chair d'une pensée proportionnée aux dimensions de l'œil cyclopéen qu'ouvrent les lacs et dont la fixité fascina qui devait se faire le terrible héraut du Retour Éternel. Le beau sillage partant du cœur innerve les trois pétales de base de l'immense fleur qui vogue se consumant sans fin pour renaître dans une flambée de vitraux. Ce sont les oratoires sous-jacents, plus que profanes, où se retirent les belles, chacune dans son secret. Elles s'y rendent en tapis volant, sur le merveilleux nuage d'inconnaissance. C'est là que la vapeur des alambics fait ruche et que le bras, qui reflète à s'y méprendre le col de cygne, pointe tout distraitement sur l'angle du miel. Plus, entre les mots, la moindre brise : le luxe est dans la volupté. — Toute femme est la Dame du Lac.

L'OISEAU MIGRATEUR

Sur les murs des petits bourgs, des hameaux perdus, ces beaux signes à la craie, au charbon, c'est l'*alphabet des vagabonds* qui se déroule : un quignon de pain, peut-être un verre à trois maisons après la forge; château : gare au molosse qui peut sauter la haie. Ailleurs le petit homme nu, qui tient la clé des rébus, est toujours assis sur sa pierre. A qui veut l'entendre, mais c'est si rare, il enseigne la *langue des oiseaux:* « Qui rencontre cette vérité de lettres, de mots et de suite ne peut jamais, en s'exprimant, tomber au-dessous de sa conception. » Sous les ponts de Paris, le fleuve monnaye, entre autres méreaux, le souvenir des priapées au temps où le chef des jongleurs levait tribut sur chaque folle femme. Et chacun de nous passe et repasse, traquant inlassablement sa chimère, la tête en calebasse au bout de son bourdon.

CHIFFRES ET CONSTELLATIONS
AMOUREUX D'UNE FEMME

Au globule de vie toute la chance et pour cela qu'il s'agglomère à lui-même autant de fois que la goutte de pluie sur la feuille et la vitre, selon les tracés pas plus tôt décidés que disparus dont elle garde le secret et cela en autant de sens qu'indiquent les rayons du soleil. C'est comme les perles de ces petites boîtes rondes de l'enfance jouet comme on n'en voit plus qui ne tenaient pas quitte tant qu'au prix d'une longue patience on n'en avait pas ponctué jusqu'au dernier alvéole une bouche esquissant un sourire. La tête d'Ogmius coiffée du sanglier sonne toujours aussi clair par l'ondée d'orage : à jamais elle nous offre un visage frappé du même coin que les cieux. Au centre, la beauté originelle, balbutiante de voyelles, servie d'un suprême doigté par les nombres.

LE BEL OISEAU DÉCHIFFRANT L'INCONNU AU COUPLE D'AMOUREUX

Les bancs des boulevards extérieurs s'infléchissent avec le temps sous l'étreinte des lianes qui s'étoilent tout bas de beaux yeux et de lèvres. Alors qu'ils nous paraissent libres continuent autour d'eux à voleter et fondre les unes sur les autres ces fleurs ardentes. Elles sont pour nous traduire en termes concrets l'adage des mythographes qui veut que l'attraction universelle soit une qualité de l'espace et l'attraction charnelle la fille de cette qualité mais oublie par trop de spécifier que c'est ici à la fille, pour le bal, de parer la mère. Il suffit d'un souffle pour libérer ces myriades d'aigrettes porteuses d'akènes. Entre leur essor et leur retombée selon la courbe sans fin du désir s'inscrivent en harmonie tous les signes qu'englobe la partition céleste.

LE CRÉPUSCULE ROSE
CARESSE LES FEMMES ET LES OISEAUX

Le sorbier entre dans la lyre ou bien la lyre dans le sorbier. Vous pouvez fuir, les belles, la poursuite ne sera pas longue! Le souffle des chevaux lacère d'un nuage les vestes des piqueurs et les disperse comme il ne peut advenir qu'à l'approche du Grand Veneur en personne. Vous n'arriverez pas jusqu'à la grille... C'était bien la peine, votre gorge est un flot de bouvreuils. Saviez-vous qu'à la cathédrale de Sens on montre des grelots de vermeil dont le rôle fut de tinter aux franges d'une étole et d'un manipule?

LE PASSAGE DE L'OISEAU DIVIN

Le monde se distend comme la pelure en impeccable hélice d'un citron vert. En scintille la boucle de celle qui supplia : « Encore une minute, monsieur le bourreau ! » Et la bouleversante cornemuse, conçue en des temps toujours reculables pour épouser les mouvements du cœur auquel elle s'applique étroitement quoi qu'il arrive, donne de tous ses bourdons à l'étoile du berger. Où se délace — d'un flot de rubans de Riemann — la beauté, qui l'appréhende a déjà le pied sur la pédale : « La partie matérielle de la plante est tout à fait consentante à être mangée. » C'est très volontiers que la chenille qui la dévore, se fît-elle arrogante comme celle de la dicranure vinule, s'expose, dans le subtil du devenir, à être la proie de l'oiseau. Plus rien n'en transparaît dans l'aromal : « Un oiseau, un papillon ne sont jamais tristes. Les papillons sont très élevés en esprit; ils jouent avec les enfants; le papillon le sait et s'en amuse : il s'échappe toujours, même quand on l'attrape et qu'on le tue. »

Paris, octobre-décembre 1958.

Le la

La « dictée de la pensée » (ou d'autre chose?) à quoi le surréalisme a voulu originellement se soumettre et s'en remettre à travers l'écriture dite « automatique », j'ai dit à combien d'aléas dans la vie de veille son écoute (active-passive) était exposée. D'un immense prix, par suite, m'ont toujours été ces phrases ou tronçons de phrases, bribes de monologue ou de dialogue extraits du sommeil et retenus sans erreur possible tant leur articulation et leur intonation demeurent nettes au réveil — réveil qu'ils semblent produire car on dirait qu'ils viennent tout juste d'être proférés. Pour sibyllins qu'ils soient, chaque fois que je l'ai pu je les ai recueillis avec tous les égards dus aux pierres précieuses. Il fut un temps où je les enchâssais tout bruts au départ d'un texte (« le Message automatique » et quelques autres). Je m'imposais par là d' « enchaîner » sur eux, fût-ce dans un tout autre registre, à charge d'obtenir que ce qui allait suivre *tînt* finalement auprès d'eux et participât de leur très haut degré d'effervescence. D'une de ces phrases à allure de sentence particulièrement belle : « Il y aura toujours une pelle au vent dans les sables du rêve », en 1943 j'ai fait la trame d'un long poème : « les États généraux », qui est sans doute celui auquel je tiens le plus. Même si, à beaucoup près, « la bouche d'ombre » ne m'a pas parlé avec la même générosité qu'à Hugo et s'est même contentée de propos décousus, l'essentiel est qu'elle ait bien voulu me souffler parfois quelques mots qui me demeurent la *pierre de touche*, dont je m'assure qu'ils ne s'adressaient qu'à moi seul (tant j'y reconnais, mais toute limpide et portée à la puissance incantatoire, ma propre voix) et que, si décourageants qu'ils soient pour l'interprétation au pied de la lettre, sur le plan émotif ils étaient faits pour me donner le *la*.

Décembre 1960.

L'O³ dont le claquement de peau réside en l'ut majeur comme une moyenne.

Nuit du 27 au 28 octobre 1951.

La lune commence où avec le citron finit la cerise.

Nuit du 6 au 7 février 1953.

On composera donc un journal dont la signature, compliquée et nerveuse, sera un sobriquet.

Nuit du 11 au 12 mai 1953.

Si vous vivez bison blanc d'or, ne faites pas la coupe de bison blanc d'or.

Nuit du 11 au 12 avril 1956.

La vie et l'œuvre d'André Breton

André Breton est né le 18 février 1896, à Tinchebray (Orne). En 1913, alors qu'il suit les cours du P.C.B. à Paris, il rencontre Paul Valéry, qui restera pour lui l'auteur de Monsieur Teste. *Affecté en 1916 au service de santé à Nantes, il y trouve un étrange patient, Jacques Vaché, dont l'humour et le détachement singuliers le fascinent, comme à la même époque le fascinent la poésie de Rimbaud (et celle d'Apollinaire, avec qui il est en correspondance) : un peu plus tard, il « découvre » Lautréamont. Après avoir fait la plus large place à l'activité « Dada » dans la revue* Littérature, *qu'il a fondée en 1919 avec Aragon et Soupault, il s'en sépare en publiant avec Soupault le premier livre surréaliste,* Les Champs magnétiques *(1920) qui repose sur l'invention et l'emploi systématique de l'écriture automatique. En 1924, il lance le* Manifeste du Surréalisme, *où apparaissent deux leitmotive de son œuvre : le recours au merveilleux, et au rêve (notamment à travers l'analyse freudienne), et l'appel à la liberté. Il prend l'année suivante la direction de la revue* La Révolution surréaliste *(« il faut aboutir à une nouvelle déclaration des droits de l'homme »). Il publie successivement* Nadja *(1928) émouvant récit de sa rencontre avec une jeune femme des plus énigmatiques,* Le Surréalisme et la Peinture *(1928), le* Second Manifeste du Surréalisme *(1930) qui donne naissance à la revue* Le Surréalisme au service de la Révolution *(le* S.A.S.D.L.R.*),* Les Vases communicants *(1932)... En 1927, il a adhéré avec la plupart de ses amis au Parti Communiste, qu'il quitte peu après : dans* Misère de la Poésie *(1932), il dénoncera l'attitude de « mise au pas » adoptée par le P. C. à l'égard des intellectuels, ce qui entraîne entre Aragon et lui une rupture définitive. Théoricien du mouvement surréaliste, il mène de front une activité poétique importante, que jalonnent plusieurs recueils :* Poisson soluble *(1924),* Le Revolver à cheveux blancs *(1932),* L'Air de l'eau *(1934)... Le 6 février 1934, il prend l'initiative d'une première riposte des intellectuels et d'un appel à la grève générale contre la menace du putsch fasciste. En 1937, il publie* L'Amour fou, *et l'année suivante, préface avec Paul Eluard l'*Exposition internationale du Surréalisme à Paris. *Lors d'un voyage au Mexique, il rend visite à Léon Trotsky, et rédige avec lui le manifeste :* Pour un art révolutionnaire indépendant. *Mobilisé en 1939, affecté comme médecin à l'école d'aviation de Poitiers, l'armistice le surprend « à quelques kilomètres au sud de la ligne de démarcation » : il peut se replier à Marseille.*

*La censure de Vichy lui refuse son visa pour la publication de l'*Anthologie de l'Humour Noir *et d'un poème,* Fata Morgana, *son œuvre étant considérée « comme la négation même de l'esprit de Révolution Nationale ». En 1941, il réussit à partir pour la Martinique, et gagne New York, où il retrouve Marcel Duchamp et de nombreux peintres surréalistes. Il y anime la revue* VVV (triple V), *prononce une conférence* *devant les étudiants de l'Université de Yale* (Situation du Surréalisme entre les deux guerres) *et rédige des* Prolégomènes à un troisième manifeste ou non *(1942).*

En 1943, il rencontre Elisa, qui partagera sa vie jusqu'au dernier jour. En 1944, il voyage au Canada, et commence à y écrire Arcane 17; *l'année suivante, il visite les réserves indiennes du Sud-Ouest américain, qui, avec sa redécouverte de l'œuvre de Fourier, lui inspireront* L'Ode à Charles Fourier. *De passage à Haïti, il suscite, par une conférence qui enflamme les étudiants, une grève insurrectionnelle, suivie bientôt de la chute du gouvernement. Rentré en France en 1946, l'un de ses premiers actes est de saluer la libération d'Artaud de l'asile de Rodez : il organise l'Exposition internationale du Surréalisme (1947) et recueille dans* Poèmes *(1948) des plaquettes devenues introuvables, ainsi que les grands poèmes* L'Union libre, Les États généraux, *etc. En 1949, il dénonce la critique qui s'est laissée prendre au piège d'un pastiche de Rimbaud présenté comme* La Chasse spirituelle, *inédit des plus précieux. En 1952, il se prête à une série d'*Entretiens radiophoniques, *publie en 1953* La Clé des Champs, *et regroupe l'activité surréaliste autour de nouvelles revues, tel* Le Surréalisme même *(1956) que suivra* La Brèche *(1961). En 1958, il a pris position contre le 13 mai et en faveur des objecteurs de conscience emprisonnés. En 1960, il figure parmi les premiers signataires de la « Déclaration des 121 ». En 1959 et en 1965, il organise à Paris, deux Expositions internationales du Surréalisme, consacrées la première à « Eros », la seconde à « l'Ecart absolu » qui met en cause de manière radicale la société dite de consommation.*

André Breton est mort le 28 septembre 1966.

Signe ascendant. 7

1935-1940

Monde	16
Le puits enchanté	17
Cours-les toutes	20
La Maison d'Yves	24
Quels apprêts	27

PLEINE MARGE

Je ne suis pas pour les adeptes... 30

FATA MORGANA

Ce matin la fille de la montagne... 36

1940-1943

Frôleuse	52
Passage à niveau	54

Premiers transparents   55
Plus que suspect   56
Intérieur   57
Guerre   58
Mot à mante   61

LES ÉTATS GÉNÉRAUX

Dis ce qui est dessous...   64

DES ÉPINGLES TREMBLANTES

Le Brise-lames   76
L'Inscription bi-ailée   77
Ferrets de la Reine noire   78
La Providence tourne   79
Pour Madame Suzanne Césaire   80
La Lanterne sourde   81
Porteuse sans fardeau   83
La Carte de l'île   84
Anciennement rue de la liberté   85

XÉNOPHILES

La nuit en Haïti...   88
La moindre rançon   89
Korwar   91
Uli   92

Dukduk	93
Tiki	94
Rano Raraku	95

ODE A CHARLES FOURIER

En ce temps-là...	98

OUBLIÉS

Écoute au coquillage	118
Je reviens	120
Sur la route de San Romano	122

CONSTELLATIONS

Le Lever du soleil	129
L'Échelle de l'évasion	131
Personnages dans la nuit guidés par les traces phosphorescentes des escargots	133
Femmes sur la plage	135
Femme à la blonde aisselle coiffant sa chevelure à la lueur des étoiles	137
L'Étoile matinale	139
Personnage blessé	141
Femme et oiseau	143
Femme dans la nuit	145
Danseuses acrobates	147

Le Chant du rossignol à minuit et la pluie matinale	149
Le 13 l'échelle a frôlé le firmament	151
La Poétesse	153
Le Réveil au petit jour	155
Vers l'arc-en-ciel	157
Femmes encerclées par le vol d'un oiseau	159
Femmes au bord d'un lac à la surface irisée par le passage d'un cygne	161
L'Oiseau migrateur	163
Chiffres et constellations amoureux d'une femme	165
Le Bel Oiseau déchiffrant l'inconnu au couple d'amoureux	167
Le Crépuscule rose caresse les femmes et les oiseaux	169
Le Passage de l'oiseau divin	171

LE LA

La « dictée de la pensée »...	174
L'O³...	176
La lune...	177
On composera...	178
Si vous vivez...	179
La vie et l'œuvre d'André Breton	181

*Ce volume,
le trente-septième de la collection Poésie
a été reproduit et achevé d'imprimer
par l'Imprimerie Floch à Mayenne,
le 28 septembre 1984.
Dépôt légal : septembre 1984.
1er dépôt légal dans la même collection : décembre 1968.
Numéro d'imprimeur : 22432.*

ISBN 2-07-030046-3 / Imprimé en France.

34543